私の「戦後民主主義」

岩波書店編集部 編

「戦後民主主義」

岩波書店

はじめに

昨年(二〇一五年)は戦後七〇年にあたり、先の戦争と戦後の道のりを振り返り、私たちが今後どのような方向に進んでいくべきかについて多くの議論が行われました。この国を大きく転換させるであろう安全保障法制をめぐっては、高校生や大学生の若い世代を含めたたくさんの人びとがデモや集会に参加して声を上げました。民意を十分反映することなく進められているかに見える原発再稼働、沖縄・辺野古(へのこ)への基地移設問題など、だれが政治の主人公であり、社会のあり方をどのように決めるのか、いまほど「民主主義」が大きな焦点になっているときはないように思えます。

だれでも自由に自分の意見を言うことができ、疑問をもつことができる。おかしいと思うことはおかしい、嫌なことは嫌だとはっきり主張することができる。そんな当たり前のことが、いま、必ずしも「当たり前」ではなくなってきているのではないか。——そのような問題意識から、日本が敗戦後の七〇年間に獲得してきた「戦後民主主義」とは何なのか、ひとりひとりが、それぞれの持ち場で、それにどのようにもう一度、息を吹き込んでいけるかを考える本を編むことにしました。占領と復興、六〇年安保や経済成長を同時代的に経験し、戦後の歩みとともに人生を築いてこられた一九五〇(昭和二五)年以前生まれの三八人に、それぞれの経験をふまえて、「私の戦後民主主義」について存分に語っていただいたのが本書です。

多くの尊い人命と引きかえに、戦争は二度とやらないと誓った憲法とともに獲得された価値――国民主権、自由と人権の尊重、平和主義、平等、等々――をめぐって、「いま、どうしてもこれだけは言わねばならない」「次の世代へ、このことはぜひ伝えたい」という貴重なメッセージがつまっています。本書が、読者の方がたにとって、この国が直面するさまざまな問題について考え、意見を表明し、議論し、行動していくためのヒントとなることを願っています。

二〇一六年一月

岩波書店編集部

目次

II

III

IV

V

I

久米宏
湯川れい子
小林信彦
池内紀
斎藤惇夫
池辺晋一郎
出口治明
上野千鶴子

戦後史とヒッコシ

久米　宏

　私が生まれたのは一九四四年七月一四日です。太平洋戦争が終わる一年と一カ月と一日前です。たまたまそんな日にこの世に生を受けました。

　生まれてから五年ほど、疎開先で生きていました。埼玉県の、現在のＪＲ八高線の児玉という駅から、歩いて二〇分ぐらいの場所です。埼玉の浦和に住んでいた父方の親類に紹介された農家の、農作業用のワラぶき小屋に六人家族で住んでいました。しかもその小屋はベニヤ板で半分に仕切られて、別の家族がそこに住んでいました。想像を絶する住環境でした。

もっとも、子供だった私にとって住まいの狭さはほとんど記憶になく、遊びまわっていた川や野原や田んぼや畑を覚えています。

　おそらく五歳の頃、近くの川でシジミを採るのが日課になっていました。母親が口癖のように「シジミは滋養があるからね」と言っていました。

はっきり記憶しているのは、子供心に、餓死はしたくない、そう考えていたことです。

六歳になって、東京の品川に引っ越します。品川の住まいは、目黒川沿いの小さな倉庫の二階でした。ここでも二階はふたつに仕切られて、私たちと、もう一家族が住んでいました。

目黒川といえば、上流の中目黒あたりは今や桜の名所ですが、私が六歳の頃は、上流から水死体が流れてくることが珍しくありませんでした。上流の方角から「ドザエモンだ」「ドザエモンダ！」という叫び声が徐々に近づいてきて、やがて私が住んでいた荏原神社周辺でも騒ぎになったものです。

この話を若い人にしても、今では誰も信じてくれません。土左衛門は、子供にとってはとても恐ろしかったのですが、どうしても目をそらすことができないで、下流へ向かってゆっくり流れる水死体を追いかけていったことを、はっきり覚えています。

子供心に、飢え死はしたくないという気持ちを持ち続けた理由のひとつでしょう。

一九五〇年頃、東京は想像を絶する住宅難で、疎開先の児玉から京浜急行沿線になんとか引っ越してきたのは、父親が川崎での職にありついたからです。

私の父は一応エンジニアでした。もしかしたら、目黒川沿いのその住まいは、父を雇った会社が手配したものだと思います。その事情を知る者はもういなくなってしまいました。

父親が勤め始めたのは、川崎に幾つもの工場を持つ大きな電機メーカーでした。

この時、父は四八歳だったはずです。

品川区立城南第二小学校に入学した私は、三年生までその小学校に通いました。

そして四年生になる寸前、私は突然転校になります。父親が五一歳の時です。

生まれてからその時まで、私の住んでいた家は、農家の作業小屋を半分にしたところで家族六人、次に小さな倉庫の二階を半分にしたところに家族六人、ずっと、重なるように寝ていました。


小学校四年に進級する直前に引っ越した先は、東急東横線の元住吉という駅から徒歩七分ほどの一戸建ての家でした。父の勤務先の電機メーカーが社員向けに用意した分譲住宅だったのです。

分譲住宅といっても、現在のような小さな区画ではありません。二四の家が並んでいましたが、一区画が平均八〇坪以上ありました。私の家も広い庭があって、父と私は引っ越した翌日から、スコップを買ってきて、庭の真ん中で池造りに熱中しました。

父と母は、姉たちと私にむかって「この家は私たちの家なんだ」と何回も言っていましたが、私も、かなり歳が離れた姉たちも、にわかにはその話を信用していなかったように思います。

この家に、私は二五年住むことになります。

父がこの家を手に入れたのは五一歳の時です。もちろんローンを設定しての購入でした。当時のサラリーマンの定年は五五歳でした。父は定年まであとわずか四年という時に、この敷地八〇坪という家を手に入れたのです。

私にとって生まれてから二回目の引っ越しで、住環境が激変しました。小学四年生になった私も「良かった、良かった」と思って過ごした毎日でした。なにせ歩いて一分のところに小学校があって、教室の窓から、庭で洗濯物を干す母の姿が見えたのです。

私が高校に入学した頃には、父はとっくに定年を過ぎていて、既にふたつ目の会社に移っていました。

そして世界史の時間、朝鮮戦争を知りました。世界史の先生の話は、今でも覚えています。「朝鮮戦争の時、前線は朝鮮半島を北から南へ、そして南から北へと、半島を一往復したんだ。つまり、朝鮮半島全体が前線というローラーを二回かけられたようになった」

そして朝鮮特需のことも知りました。ようやく理解したのが、あの「奇蹟の我が家は朝鮮特需のおかげ」だったということです。

定年まであと四年の途中入社の社員が、八〇坪の敷地に建つ一軒家を、東横線沿線に所有することができる、そのことがそもそも不思議なことでした。

この元住吉の家に二五年住み続け、その土地を売った資金を元に、その後二度引っ越しをして現在に至っています。その二度の引っ越しの時も、現在の家にいる時も、時々、朝鮮特需のこと、朝鮮半島の人たちの不運を思います。

長い間、学校では現在に繋がる直近の世界史や日本史を教える時間がないと聞きます。民主主義は、ひとつの国の内部にとどまらず、国際社会の中で、国家と国家の関係でも実現を目指さなければなりません。

その民主主義を理解するには、どうしても歴史を正しく知る必要があります。若い日本人が、フェアな歴史を知ることを心から願います。

私が生まれた一九四四年は、第一次世界大戦が始まった三〇年後でもありました。

くめ・ひろし　一九四四年生。七九年、TBSを退社してフリーに。現在は、BS日テレ「久米書店」、TBSラジオ「久米宏 ラジオなんですけど」にレギュラー出演中。

久米宏

音楽は平和の中でこそ

湯川れい子

私が疎開先の米沢(山形県)から、焼け残った東京目黒の家に帰って来たのは、終戦から二年後の一九四七年。小学校六年生、一一歳の時でした。

その頃はもちろんのこと、私が高校生になって、玉電(東急玉川線)で渋谷などに出かけるようになった頃も、まだ渋谷の駅前や、時には玉電の中にまで、灰色に汚れた白衣の袖や裾から義手や義足を見せながら、アコーディオンやハーモニカを鳴らして、物乞いをする傷痍軍人たちの姿がありました。フィリピンで戦死した一八歳上の長兄のことや、特攻で出撃したまま消息不明だった次兄が帰って来てくれるものなら、たとえどんな姿であっても嬉しいのに……と思いながらも、暗い眼で見つめてくる彼らの姿には、子ども心に怯えたものです。

クラスメートの中には、父親や兄を失った人も多く、私自身が戦前と戦後とでは、暮らし向きも一八〇度違っていました。母は焼けずに済んだ家に下宿人を置き、父が好きで集めていた骨董品を売って私を育ててくれていました。だから、友人たちも私も大学に行くことなどはまったく念願になく、いかに母親を安心させるかだけを考えていました。

私の場合は、「女性の幸せは結婚だから、高校を卒業したら自分の眼鏡に叶った人のところへ嫁に行ってほしい」と繰り返す母を、どう納得させることができるものやら、と途方に暮れていました。働きながら独りで生きるという女性のロールモデルもない、初めて解放された日本の女の子世代だったのです。

そして今は戦後七〇年。戦地に赴く長兄が、私と母のために目黒の家の庭に防空壕を掘りながら、三日間ずっと吹いていた口笛の曲を、戦後進駐軍のラジオから聞いたことをきっかけに、いつかアメリカ音楽に夢中になり、ジャズの専門誌に投稿したことから、ジャズ評論家としての道が開かれて、昨年(二〇一五年)で五五年。作詞家としても五〇年という、自由を誇れる人生を歩んで来ました。そう、自分では他人が何と言おうと、女として、日本人として、自由と幸せを謳歌できた人生だったと、心から感謝しています。

一昨年(二〇一四年)には、こんなことがありました。東京オリンピックの年であり、初めて外貨が買えるようになった年でもあった一九六四年、私は、夢が叶って訪れたニューヨークでTV番組「WHAT'S MY LINE(私の秘密)」に生出演しました。著作権の縛りが切れたのか、ビデオなどない時代だったのに、なぜか、その時の映像が突然ユーチューブにアップされて、思いもかけず五〇年前の自分と再会できたのです。本当にびっくりしました。前髪を垂らした着物姿の私が、英語もろくにできないくせに、しゃんと背筋を伸ばして、精一杯エレガントに装って、我ながらよく頑張ったものだな……と、頭を撫でてやりたくなったものです。

あの頃の日本といったら、まだ「ハラキリ」「ゲイシャ」「フジヤマ」「カミカゼ」といったイメージばかりで、そんな浅薄で歪んだ日本のイメージを引き剝がしたくて、ずいぶん気を張っていたような気がします。一九五〇年代、六〇年代に海外に飛び出して行った日本の人たちは、みな自国を背負っているような気持ちで、日本の文化や歴史に誇りを持って頑張ってきたのではないでしょうか。

だから今さら「美しい日本を取り戻す」などと言われると、えっ?! 今頃になって何を言っているの? と思うのです。公害問題などがあったとはいえ、海も山も大地も清らかで美しかった日本。それを放射能で汚してしまったのは、二〇一一年三月一一日に起きた福島原発事故にほかなりません。憲法九条を国是とし、ヴェトナム戦争にも湾岸戦争にも直接的に参加することなく、他国の人も自国の人も誰一人殺すことなしに七〇年を歩んで来た、世界に胸を張って誇ってこれた日本でした。

実際、そのことを、さまざまな席で語ってきましたが、それが人類の究極の理想の形だと賛美するアメリカ人はいても、日本人もともに銃を持って戦うべきだなどと、眉をしかめて私に苦言を呈するアメリカ人はいませんでした。もっとも相手はほとんど音楽業界の人やミュージシャン、あるいは環境関係のＮＰＯの人などで、政治家や軍人はいませんでしたが――。

平和がある所にしか、音楽は存在できません。女性が安心して子どもを産み、育てられる所にしか、人間の幸せはありません。そしてその幸せは、たった一発の銃声で破られるのです。武力と闘いで平和が築かれた歴史を、私はまだ知りません。血が流れた場所には、憎しみと恨みの種が残って、必ずまたそれぞれの「正義」が火を噴くのです。

今、地球上にある核兵器の数は一万七〇〇〇発。国家や政治は何の責任も取らず、戦争や原発ひとつ止められないことは、あの傷痍軍人の姿や、福島を抱えながら原発の再稼働に走る国の姿が教えてくれています。

地球環境の悪化と食糧不足、憎しみの連鎖で始まった戦闘の先に待つのは、映画『猿の惑星』や『渚にて』、あるいは『風の谷のナウシカ』で描かれるような世界なのではないでしょうか。この小さな日本という島国に、無責任に五四基も作ってしまった原発という格納庫をターゲットとして、日本が狙われたら、どこにも逃げ場はありません。

どんな知恵を使ってでも、アジアは仲良くひとつになるべく、外交の手を尽くさなければなりません。その時、日本が誇るべき「錦の御旗」「水戸黄門の印籠」は、絶対に集団的自衛権ではなく、憲法九条だと私の経験と本能は教えてくれているのですけれど——。

そんなのは甘いぜ、と笑うあなた。今から一〇〇年先に笑えるのは、どっちでしょうか。

ゆかわ・れいこ　一九三六年生。音楽評論家、作詞家。作詞家としての代表作に「ランナウェイ」「六本木心中」ほか。

「戦争は嫌だ」の思いを土台に

小林信彦

満州事変の翌年、一九三二年に生まれました。その後、日本は日中戦争、太平洋戦争へと突入していきますが、子どもだった私には、〈いつも戦争中〉でした。映画館で普通に観ていたディズニー映画が、ある日、突然、上映されなくなったのが、真珠湾攻撃の朝です。そんな経験はあるものの、日本とアメリカがなぜ戦争をはじめたのか、知りようもない。物心ついた時から戦争がはじまっていて、それが切れ目なく続いている。子どもの目から見た当時の状況は、およそこんな感じです。

しかし、戦争による被害は、子どもにも襲いかかります。一九四五年三月一〇日の東京大空襲で、両国にあった私の実家と町は全焼してしまいました。実家は代々続いた和菓子屋で、父親で九代目でした。小学生だった私は埼玉県に疎開しており、空襲そのものは経験していません。また、幸いにして両親、弟ともに助かりました。ですが、周囲には、親を失った子どもも少なくありません。もっとも、父親も戦時中に地元の消防団長などを引き受けるなどして体を壊し、私が一九歳のころに結核で亡くなっています。

実家を失い、また東京以外に親戚もいなかった私たち一家は、その後、新潟県の新井町(現・妙高市)に疎開しました。同じ新潟県の長岡市は一九四五年八月に大規模な空襲を受けて、市の中心部や市街地の八割が焼失したといわれます。また、広島、長崎の次は新潟に原爆(当時は「新型爆弾」と呼ばれていました)が投下されるなどという噂もありました。

ところが、新聞などが伝える戦況は「日本が勝ち続けている」というものばかり。原爆が投下されたあとでさえ、「なるべく白いものを着て防空壕に入れば助かる」などという情報がまことしやかに伝えられたほどです。政府やマスコミからは、本当の情報は何も伝わってきませんでした。

こうしてむかえた八月一五日。何か特別な放送がなされるようだ、ということで、父親がラジオを聴きに町会へ出かけて行きました。新潟は山が多く、家のラジオではうまく受信できなかったからです。戻ってきた父親が言うには、ラジオの声はよく聴き取れなかったが、日本は戦争に負け、戦争が終わったらしい、と。中学生だった私は夏休み中で、家で勉強するわけでもなく、ボンヤリと過ごしていました。「戦争が終わった」などと言われても、やはり実感はもてません。

学校に行けば、それまで「お国のために」と教えていた教師が「私が間違っていた」と子どもたちに対して謝るのかもしれない。そんな期待も抱きましたが、それは見事に裏切られました。その代り、教師が子どもたちに行ったことといえば、戦時中、大人気だった吉川英治の小説『宮本武蔵』などがあれば、学校に持って来いという指示。それを校庭に穴を掘って集めて、燃やすというのです(そして、実際に燃やしました)。戦後、やってきた進駐軍にビクビクし、高田の城をゆずりわたし、これまでの嘘に口をつぐみ、ごまかそうとする情けない大人の姿がそこにはありました。

戦後、日本は民主主義の国になったといいます。しかし、五年後には朝鮮戦争がはじまっていたという状況に身を置いてきた私には、そのことに対しても懐疑的にならざるをえません。同じ敗戦国でも、ドイツは自ら戦争責任に向き合い、戦後処理をきちんと遂行してきた。一方、日本は戦争責任を曖昧にし、いまだに「あの戦争は間違っていない」などという言説が聞かれる。戦前も戦後も切れ目なく、曖昧なままに続いているのではないか。そもそも、戦時中、よく観ていたニュース映画では、東条英機首相の斜め後ろには、商工大臣だった岸信介が必ず映っていました。その独特の容貌と話し方は、子ども心にとても印象深く残っています。A級戦犯だったはずの人間が、敗戦から一〇年そこそこで総理大臣になってしまう。日本の「戦後」の虚妄さが如実に表れています。しかも、いまや、その孫が総理大臣となり、いよいよ名実ともに民主主義をつぶしてしまおうというのですから。

戦争は嫌だ――この思いこそ、私がつかみとった唯一の実感です。いま、若い人たちが「戦争反対」と声を上げ始めています。戦争が始まれば、自分たちが戦場に送られるかもしれないという切実な危機感が、彼らを突き動かしているのだと思います。

戦時中、子どもだった私は年齢的に徴兵を経験していません。しかし、近所の大人が徴兵によって出征し、やがて葬送行進曲とともに骨壺に入れられて帰ってくるのを、何度となく目撃してきました。しかも、その骨壺の中は、実は石ころ一個だったりする——。将来、日本が再び戦争に参加することになれば、徴兵制が復活することだって、ないとは言えない。

戦後、日本は民主主義を根付かせ、育むことに失敗した。だったら、いま、「戦争は嫌だ」という切実で具体的な思いを土台に、民主主義を改めてつくり直す時ではないでしょうか。

こばやし・のぶひこ　一九三二年生。小説家、評論家。『つなわたり』『日本の喜劇人』ほか。

昭和の青春

池内 紀

ものごころついたころ、戦争は終わっていた。より正確にいうと、終わったばかり。昭和二〇(一九四五)年であって、「昭和」という時代が二〇歳(はたち)だった。つまり私は期せずして「昭和の青春」に立ち会った。

小学校に入学すると、ガリ版刷りの学級名簿が配られた。保護者の欄があって両親の名前がしるされている。「父」のところは、あちこちが空白だった。戦死ではなかったが、わが家もまたそうだった。だからといって、なんてこともない。父や母がいなくても現に自分がここにいる。言わず語らずのうちに学級名簿が少年に、そんな世の見方を教えてくれた。

ラジオから「とんがり帽子」が聞こえてきた。連続ラジオ放送劇『鐘の鳴る丘』の主題歌である。そこにはテンポよく歌われていた。「父さん　母さん　いないけど──」仲間がいるから口笛吹いていればいい。

昨日に　まさる　今日よりも
あしたは　もっと　しあわせに

子どもの歌が、もっとも簡明に時代の思いを伝えていた。へんてこな「昭和の子」である。育ったのは戦後民主主義の時代だが、教室で対面した先生の多くは軍隊帰りだった。授業中に言いまちがうと、「元(もと)へ!」と自分に号令をかけて言い直した。体操の教師は「キヨツケイ、礼!」の掛け声とともに、首だけをコクンと折りまげる。ずっとあとのことだが、私はそれが軍隊で「下士官」と呼ばれたクラスの礼の仕方だったことを知った。

校舎は元陸軍の兵舎だった。つい先だってまで下士官のビンタがとびかっていたところで、いわゆる民主教育を受けた。男女いりまじってのフォークダンスをしたのは、軍楽隊と号令がとどろいていた元練兵場である。「軍国の乙女」がパンパンガールになり、特攻帰りが闇市でカッポしていた。

地域社会もまた、色こく戦前をのこしていた。隣保(りんぽ)や垣内(かいち)といった共同体が生きており、一年を通じて定まった行事があった。小正月には「トンド」といわれる火祭りがあって、餅や豆を焼いた。そのときの焼けこげの匂いは、いまなお鼻の奥に残っている。三月のひな祭りには、蔵から内裏様や官女たちがあらわれた。誰もいないとき、人形のまっ白な頬をそっと撫でてみた。五月の柏もち、夏の虫送り、お盆の終わりの精霊流し。それぞれの行事につきものの小道具があって、用がすむと姿を消した。片づけられたあと、なにやら世の終わりのようなさびしさがあった。これもずっとのちに知ったことだが、柳田国男が年中行事について書いていた。子どもには子どもだけの「もののあわれ」があるという。「年中行事は子供たちが、初めて人生のペソス(ペーソス)というものを、味わい知らされる機会だった」

昭和二五(一九五〇)年六月、朝鮮戦争が勃発した。アメリカ軍の前衛基地として、敗戦国ニッポンは、「特需景気」にわき立った。子どもの目には、近所の鍛冶屋の変化に見てとれた。それまではハゲ頭の親父がトンカントンカンと槌で荷車の鉄輪を作っていた。それがいまや鉄工所であって、空き地に作業場が建ち、トラックが次々と鉄材を運んでくる。モーターが廻り、天井から鉄の鎖が下がっていて、鉄仮面のようなマスクをつけた人がしゃがみこんで作業をしていた。バーナーの青白い火花が辺りにとびちっていた。「戦争はもうかる」――大人たちが言いかわすのを、耳ざとく聞きつけた。

昭和三一(一九五六)年の経済白書は「もはや〝戦後〟ではない」をうたっていて、それが流行語になった。「戦後」と呼ばれた過渡期の終了。昭和もまた三一歳、青春期が終わり、肥満の兆しをおびた中年になりかけていた。

それは私が高校に進んだ年であって、そのころ「寺山修司」の名を知った。五年ばかり先立ち高校生の身で、短歌雑誌の新人賞をとり、さっそうとデビューした。五〇首の短歌連作には「チエホフ祭」のタイトルがついていた。

失ひし言葉かへさむ青空の
　つめたき小鳥撃ち落とすごと

マッチ擦るつかのま海に霧ふかし
　身捨つるほどの祖国はありや

そんな短歌を手帳に書き写した。英文法の代数は単なるテキストにすぎなかったが、こちらの文字はフシギなリズムをもち、この世の秘密を知らせる呪文のようだった。聴き耳を立てて、ひそかな先導者の足音を聞いていた。

時代が青春を失ったとき、入れかわるようにわが青春が始まった。そのときすでに、この世の見方のおおかたを身につけていたような気がする。皇太子(現・今上天皇)が民間の女性と結婚、妃の名にちなむ「ミッチー・ブーム」が起きた。成婚実況をきっかけにして、テレビが一挙に普及した。ついで東海道新幹線の起工式。あいついで週刊誌が創刊され、スピード、メディアにわたる新しい潮流が始まった。

そんななかで私は、東京の大学に向かうべく、夜行列車で故里を発った。翌朝、東京着。使い古しのボストンバッグをぶら下げて首都の雑踏にまぎれこんだ。

いけうち・おさむ　一九四〇年生。ドイツ文学者、エッセイスト。『森の紳士録』『カフカの生涯』ほか。

出しそびれた手紙

斎藤惇夫

一九五二年の春、小学校五年生だった私は、オランダから戦禍を逃れアメリカに移住した一人の作家に手紙を書いていました。生まれて初めて作家に書く手紙でした。名前はドラ・ド・ヨング。彼女の書いた『あらしのあと』が、前編『あらしの前』の三カ月のちに出版され（吉野源三郎訳　岩波少年文庫）、読み終えた私は感動のあまり、手紙を書かなくてはどうにかなりそうに思い、「物語の家族と、かれらがであったいろんなことを好きになったらお手紙をくださいね」という作者の言葉と記された住所に促され、一心不乱に机に向かっていたのです。

物語は、第二次世界大戦でナチスの「あらし」に襲われたオランダのファン・オールト一家が、家族それぞれに胸に深い傷を受けながらも、なんとか立ち直っていこうとする姿を描いたものです。「これはぼくの物語だ！」と、前編を読んだ時からそう思っていました。医者の父親と母親に見守られながら育つ五人の子どもたち。社会事業学校で学ぶ長女、ピアノを弾き続ける長男、小学校に通う次男のヤンと絵の好きな次女のルト、いたずら盛りの末っ子。彼らの生き生きとした日常生活が、鮮やかにとらえられ描きだされていました。ことに、ヤンは、両親に通知表を見せられないほどの惨めな成績で、私にそっくりだったのです。ところがその普通の、平和な家庭に、ナチスの影が忍び寄り襲いかかってきます。ドイツから逃れてきたユダヤの少年を家にかくまい、その子をアメリカに送ろうとする一家……。緊迫感のうちに前編は閉じられ、ようやく三カ月のちに後編がとどけられました。物語は、その六年のちのことが語られていました。ヤンはナチスに殺されていました。通り過ぎた「あらし」のすさまじさは、一家のそれぞれの心に深い傷を残していました。廃墟の中から、どうやって彼らがそれぞれ「あらし」を乗り越えて生きていこうとしたか、後編は、まるで私の家族がそのまま映しだされているように描かれ、一言一言が私の胸につきささり、その気持ちの高ぶりは、手紙に書かない限り、どうしても収まらなかったのです。

私は書きました。

ぼくの家族も「あらし」を経験し、でも、なんとか希望を持って生きていこうとしています。ファン・オールト家と一緒です。ぼくの住む長岡市は、アメリカ軍の爆撃で、多くの人が亡くなり、旧市街の八〇パーセントが焼け野原になりました。まだバラック建ての家が多く、着ている物はつぎはぎだらけ、食べ物も、魚はたいてい鰯(いわし)、肉は、ときたま細切れが野菜の中にすこしはいっている程度、給食のミルクはアメリカ軍お下がりの脱脂粉乳です。それもファン・オールト一家に似ていると思います。いつかきっと、もっとおいしいものが食べられるからねと、母は言っています。ヤンが死んでしまったことは、ほんとうにつらいです。でも、絵が描けなくなっていたルトが絵をまた描き始めたことは、うれしいです。また戦争は終わったばかりなのに、隣の国の朝鮮で戦争が起こってしまいました。とても怖いけど、ルトと同じように、ぼくも希望をもって生きていきます。

小学校五年生の手紙を覚えているのには、深いわけがありました。実はその手紙は投函されずに机の中にしまいこまれてしまったのです。著者が日本語を読めるかという思いもありましたが、それよりも、ポストの前に立った時に、突然、投函に激しい違和感をおぼえてしまったのです。やがてそのことをすっかり忘れ、中学の二年生のある日、私は机の中から、出しそびれた手紙を見つけました。読み直し、そして、投函しなかったことに深く安堵しました。私の手紙には、ファン・オールト家と我が家の決定的な差が記されていなかったのです。戦争の被害者であることは共通していたにせよ、ファン・オールト家はナチスに抵抗して戦い、私の両親は、国の政策を信じ、それを支持し、アジアの多くの家族を襲い、傷つけ、殺し、ばらばらにした加害者でもあったのです！　おとながどんなに口をつぐみ、隠そうとしても、あるいは言いつくろっても、アジアのファン・オールト家を襲い、ヤンの命を奪った「あらし」は、私たちの国が起こしたのです。その単純で明白な事実は、ほんの少しの想像力さえあれば、子どもたちにも分かることでした。それが、私の手紙には欠け落ちていたのです。そのことを小学校五年生の私は、強い違和感として感じとり、投函できなかったのです。

どうやらそれが私の戦争体験でした。日常生活でも、仕事を通しても、被害者であり加害者であった深い認識からしか歩いていってはいけない。いかなることがあっても、平和な家庭を崩壊させる戦争を許してはならない。私はその二つのことを、言葉にはならなかったにせよ、五年生の時に胸に刻み、生きていくことをヤンとルトに誓いました。それから六五年間。なんとか、二人への誓いを守って生きようとしてきたつもりですし、これからも、当たり前のこととして、その誓いを守り、生きていこうと思っています。

さいとう・あつお　一九四〇年生。児童文学作家、編集者。「ガンバの冒険シリーズ」『哲夫の春休み』ほか。

デモクラ・シーちゃん

池辺晋一郎

僕は一九四三(昭和一八)年生まれだ。ものごころついたころは戦後の混乱期のただなかだった。疎開先で山羊と戯れた思い出などがかすかに残っているが、それはもしかしたら、セピア色に変色した古い写真を、自分の記憶と勘違いしているのかもしれない。ただ、子どもの雑誌だったか、あるいは単行本だったか、そのころ楽しんだ漫画を、おぼろげに思い出すことはできる。

女の子が主人公の「デモクラ・シーちゃん」という漫画だった。内容は記憶にない。デモクラシーとは民主主義のこと、とその漫画で知ったか、あるいは周囲の大人に教えられたか、それも不明。この耳慣れない不思議な響きのタイトルを面白がっただけだと思う。

しかし、とにかく、幼い僕はデモクラシーという言葉を知った。言葉を知れば、そこに付随し、派生してくるものがある。デモクラ・シーちゃんの記憶がしみついて社会を感じ取っていたか、という子ども時代の思い出の断片が、いくつかある。

読書感想文の課題に『アンクル・トムの小屋』を選び、初めて知った奴隷制度への怒りを綴ったのは、小学三年生くらいだったろう。皮膚の色で人間を差別するなどということがこの世にあったことも知らなかったし、何としても許せないことだったのである。

野球好きゆえにプロ野球についての作文を書いたのも、同じころ。アメリカのプロ野球はニュー・ヨークとかシカゴとか地名がついているが、日本では企業名だ。しかし広島カープだけは地名で、市民に支えられている。僕はそこが好き、と。水戸に住み、広島という所について原爆の被災ということ以外何も知らなかった子どもが、である(ちなみに、僕は今も熱烈なカープ・ファンだ)。

家にはまだテレビがなかったから、皇太子(現天皇)成婚パレードの中継を叔父の勤める銀行で見たのは中学生の時だ。行列に石を投げ込んだ男がいて、逮捕された。翌日の学校で書いた作文――パレードに石を投げることは許されることではない。しかしあの男は慶事に反対していたとは限らない。道路の反対側へ渡らなければならないのに止められ、腹が立ったのかもしれない。「君は本当にこんなことを思ったのか」と教師は僕を呼んでいぶかしんだ。

その後僕は、都立の普通高校へ進む。一九六〇年だ。極めて自由な校風で、生意気な論争も盛んだった。折しも安保闘争の年。何人かで国会前デモに参加しよう、ということになった。何だったか覚えていないが、これは何かの理由で直前に頓挫し、実際には行っていない。が、意気込みだけはすさまじかった。何しろ、安保改定阻止の実力行使は六月四日、一五日の二次にわたり、それぞれに五五〇万人以上が参加したのである。顧みれば学生運動の時代。その後我々は、ますますそこに巻きこまれていった。

しかし間もなく「学生総ノンポリ」のムードが高まっていく。そこに浸りたくない僕は、八〇年代はじめに、先輩音楽家たちと「反核・日本の音楽家たち」という運動を立ち上げ、また反戦・平和に関するメッセージを合唱曲として盛んに書くようになっていく。

八四年には、森村誠一氏とのコラボレイションで混声合唱組曲「悪魔の飽食」を作曲。つづいて八六年に同「初恋物語」を書いた。これも森村誠一氏によるもので、かつての戦争中、恋人と別れて特攻隊で出撃しなければならない若者を描くもの。沖縄からの学童疎開船が米軍の魚雷攻撃で沈み、たくさんの小さな犠牲者を出した「対馬丸事件」を扱った混声・児童合唱組曲「海のトランペット」(詞：車木蓉子)は八九年の作。さらに片岡輝氏の詞で書いた「今日は日曜日」、谷川俊太郎氏による「平和」、蓬莱泰三氏による合唱オペラ「タロウの樹」など、僕は音楽によるメッセージを発しつづけた。註釈をつければ、上記はすべてテキストを伴う合唱曲だが、歌詞のないオーケストラなど器楽作品でも、僕の発想や音楽に込めたいものに変わりはないと思っている。

昨今の話へ移ろう。このところの、特定秘密保護法、集団的自衛権行使、新安保関連法制とつづいてきた現下の政権の強引な法案成立への手口には、怒りを抑えきれない。国民の主権にもとづく民主主義を、やみくもな多数決主義にすりかえている。

七〇年つづいてきた民主主義政治が、初心を忘れ、いかに「多数」を形成するかというだけの、あざとい地点に陥ってしまった。小選挙区制はその典型だ。
デモクラシーの「デモス」はそもそもギリシャ語の「人民」。デモクラ・シーちゃんの初々しさに立ち戻ってみることが、この辺で肝要ではないか。表層的な「主義」ではなく、人間個々がここに生きることの意味を政治に反映するにはどうしたらいいか、ということを正面から考える政治家にこそ、政治を託したいと思うのである。

いけべ・しんいちろう 一九四三年生。作曲家。交響曲第一番～第九番、オペラ「鹿鳴館」ほか。一九九六年から二〇〇九年までN響アワー(NHK教育)司会者をつとめた。

池辺晋一郎

選挙リテラシーが大切

出口治明

民主主義って何だろうと考えた時に、昔読んだ本でいくつか思い出すことがあります。確かチャーチルの伝記だったと思いますが、チャーチルは「民主主義ほどひどい政治形態はない。ただし、今までにあった王制や、貴族制をのぞいては」と言っているのです。「ひどいけれど、これ以上のものを人間はまだ生みだしていない」と。

チャーチルは同時に、「(当時は男性しか被選挙権がなかったのですが)自分も含めて、選挙に出る奴はみんなろくでなしだ。目立ちたい奴や何か一旗揚げたい奴、女性にもてたい奴など、だいたいろくな奴しか出ない。選挙とは、そういう、ろくでもない連中の中から誰に税金を分けさせたらいいかを消去法で選ぶ「忍耐」なんだ。だから民主主義は最低なんだ」と語っています。

もう一つ、これはある学者が語っていたことですが、「短期間多数の人を騙すことはできる(たとえばナチスなど)。また、長期間少数の人を騙すことはできる(たとえばオウム真理教など)。でも長期間多数の人を騙すことはできない。だから、民主主義を信じることができるのだ」と。

民主主義についてはこの二つの言葉がすごく印象に残っているのですが、そもそもの大前提として、人間は賢いかアホか（ぼくの好きな言葉でいうと、小田実の言う「人間みなチョボチョボや」）という問題がある気がします。人間が賢いのであれば賢い人が政治をすればよい。賢人政治です。でも、人間がチョボチョボだとしたら、誰も賢い人はいないわけですから、誰かを選んでやってもらうしか方法がないし、その選ぶ人だって賢くないという前提に立てば、普通の市民ですから、市民の常識で政治をやればいいということになります。

これはエドマンド・バーク（一七二九～一七九七、連合王国の政治思想家。主著『フランス革命の省察』）の保守主義にも通じるものです。人間が賢いという立場は理性を信じるということ、賢い人が一所懸命考えたきれいなデザインで政治を行うというイメージでしょう。しかし、バークは、人間はそんなに賢くないのだから、理性を信じてはいけない。では何を信じるかと言えば、長年やってきて理由はよくわからないけれども、うまく回っているもの——たとえば経験とか慣習とか——は残しておいた方がいい、まずいものだけ少しずつ直して工夫してやっていけばいい、だから社会の抜本改正などは考えてはいけないと言っています。それが本当の意味での保守主義だと思います。

市場経済や民主主義は（選挙≒民主主義といってもいいと思いますが）、賢くない人間が、今まで世界中の国々で試してきて、まぁ当面はこれで仕方がないかと思ってやっている以上、それに代わるものが出てくるまでは我慢して使い続けた方がいいと思います。

ただし、変えなければならないことはいくつかあります。まず選挙について一人一票は当然でしょう。たとえば人口の少ない地方から東京に転居してきた人が住民票を移す際に「あなたは人口の多いところに来たので〇・二票です」などと言われたら、腹が立つでしょう。

また、選挙は民主主義の根幹をなしている制度ですから、きちんと教育をしないといけません。昔、ロンドンにいたときに知り合った北欧の友人から、「北欧では選挙はこう教えるんだ」として次のような話を聞きました。

近代国家では、選挙の際にメディアが必ず「どの候補者が優勢」か事前予想を報じる。それでいいと思った場合、あなたには三つの方法がある。投票所に行って、その候補者の名前を書く、棄権する、白票を投じる、これらは全部同じ結果となる。もし、あなたがその候補者がいやだと思ったら、あなたにできる意思表示の方法は一つしかない。投票に行って違う人の名前を書く。これが選挙です、と。民主主義の基本であるとか市民の権利であるとか、そんな小難しい話ではなく、中学生にも選挙の仕組みがよくわかるように知恵を絞って教育しているのです。

「白票も意思表示」だとか「堂々と棄権しろ」と言う人がいますが、外国人から見たら全く理解できない。ロンドンの友人たちは「日本人は政治に文句を言っている割には何故投票率が低いのだ」「そんなに政府に文句を言っているなら投票率を上げて政権与党を落とせばいいのに」とよく言っていました。

「投票に行ったところで何も変わらない」と言う人がいますが、それは全く違うのです。「投票に行かない」ということは棄権ではなく、今のシステムのもとでは、優勢な候補者に票を入れたことと同じことになる。今の与党は少ない支持率であれだけの議席をとっているわけですから、選挙に対するリテラシーの問題はすごく大きい。投票率が一〇パーセント上がるだけで当選者の顔ぶれはがらりと変わると言われています。二〇一六年から一八歳に選挙年齢が引き下げられるのですから、市民のリテラシーを高めるために北欧のような実務的な教育を行うべきです。

衆議院と参議院のあり方についてもぼくは意見を持っています。ぼくは小選挙区はOKだと思っています。それは小選挙区制が一番政権交代が起こりやすいからです。政治にはダイナミズムが必要で、政治をよくするには変なことをしたらいつクビになるかわからないという緊張感が必要だと考えているので、衆議院は小選挙区を基本として政権交代を起こりやすくすべきでしょう。逆に参議院は全国一区の比例代表に純化すればいい。そうすれば多様な意見が反映されることになります。そして参議院の役割は決算の審査だけに限定すればいいのです。一年中決算をチェックしているということになれば、効果の上がらない変な施策は次から実行できなくなります。予算や法律は衆議院で全部決められる、しかしいい加減なことをしたら参議院で厳しく検証される。そういうシステムに変えたらいいのではないかと思います。

また、民主主義は選挙だけではありません。「政治とは何か」と言えば、税金を上手に分けることです。公共財や公共サービスの提供という民ではできないことをやるのが政府の役割で、そのために税金を集めているのです。「代表なくして課税なし」というアメリカ独立革命の際の有名な言葉がありますが、政府はわれわれがつくるものです。政府と市民は対立すると考えるのではなくて、政府はわれわれがつくるのだ、文句があるなら次は取り替えるぞという意識で投票率を上げるべきだと思います。同じような意味で税金も給与からの差し引きはやめて全員確定申告にした方がいい。確定申告をする際に何に税金を使ってほしいか投票してはどうでしょう。税金を防衛に使ってほしいのか、社会保障に使ってほしいのか。できるだけ納税者の声を聴くようなシステムをつくる。今ならＩＴで簡単に投票できる仕組みをつくれるはずです。この国にはまだまだやることがたくさんあるような気がしています。

でぐち・はるあき　一九四八年生。ライフネット生命保険株式会社会長兼ＣＥＯ。『生命保険とのつき合い方』『日本の未来を考えよう』ほか。

主権者になる

上野千鶴子

告白するが、わたしは長いあいだ投票に行かなかった。若いころ、「ポツダム民主主義粉砕！」と叫んだ者が、今さらどのツラ下げて投票所へ行かれようか、と粋がったからだった。支持政党はつねに「なし」。現状のすべての政党よりも、わたしの方が「もっとラディカル」だから、と答えてきた。だがあるときから、棄権は権力への「暗黙の同意」を意味するというあたりまえの事実に気がつき、無力感にさいなまれながら投票所に足を運ぶようになった。選びたい候補者がいるからではなく、選ばれてほしくない候補者がいるからというだけの理由で。事実、わたしが投票した候補者は、決まって落選した。

若手の政治学者、山崎望さんから「代議制民主主義」の卓抜な定義を教えてもらったとき、積年にわたるわたしの投票に対する無力感のみごとな説明が与えられて、目からウロコの思いをした。彼によれば「代議制民主主義」とは以下のようなものだ。

(1)投票で代表を選ぶことで選良政治の一種であり、(2)選良政治であることで背後には愚民観があり、(3)投票を四年に一回に制限することで市民の政治参加を促進するよりは抑制する、政治システムだ、と。

そうか、そうだったのか、やっぱり。それで謎が解けた。投票所へ足を運ぶ有権者は「エンカレッジ」されていたのではなく、その実「ディスカレッジ」されていたのだ。足が重いのも無理はない。

民主主義はひとどおりではない。直接民主主義も間接民主主義もある。代議制民主主義は間接民主主義の一種。しかも議院内閣制は議会多数派と行政府とが一致することで、政権の安定が得られる代わりに、なれあいが生じやすい限界のある制度。地方自治体のように、首長選挙と議員選挙のしかたが異なるところでは、首長が議会多数派を野党にまわすねじれが起きることもある。アメリカの大統領選挙でなら起きるようなこんな「ねじれ」は、議院内閣制では原理上、起きないことになっている。せいぜい衆参の議院間の「ねじれ」が起きる程度だ。

政治学者のなかには、多数決は民主主義ではない、というひともいる。民俗学者は、日本には談合だの寄り合いだのという伝統的民主主義があったという。全員がひととおり話し終わって異論を言わない。また一巡、また一巡とつづけるうちに、議論がひとつの着地点に収束する。そういう全員一致の結論に達するまで、談合をやめない。談合とはそういうものだという。ハーバーマスの熟議民主主義なら、討論の前と後とで意見が変わらないものを民主主義とは呼ばないだろう。シャンタル・ムフのラディカル・デモクラシーなら「全員一致」をラディカルに否定して徹底的な多元主義を生きることになろう。

誰もが指摘するように、民主主義は不完全な、限界のある、意思決定の手続きである。だが、これに代わるよりましなものを思いつかない点でも、合意ができている。民主主義はポピュリズムと相性がいいし、民主的に選ばれた独裁をも導くし、集団的愚行をも招きかねない。だが、民主主義の大原則、誰もが平等に「ひとり一票」であることと、その有権者が「主権者」であることを否定することは誰にもできない。そして「主権者」であるとは、「自分の運命を自分で決定する権利を持つ」ということだ。

二〇一五年夏。世代と性別、背景の多様性を持った多くの人々が国会前に登場した。「自分の運命を他人任せにしない」と考えた人たちだ。かれらは国会の中には民主主義はなく、国会の外に民主主義があると感じた。「民主主義ってなんだ?」の問いかけに、「これだ!」のコールで答えた。主権者として自分の政治的主張を、公然と表明すること。主権者として、自分たちが権力を仮託したにすぎない者たちを、自分たちの意志に従わせること。「立憲主義」という耳慣れない憲法学の用語が、日常会話に出るほど普及し、定着した。憲法の主人が自分たちであり、天皇以下、内閣総理大臣や国会議員、公務員など権力行使に関わる者たちにこそ、憲法遵守義務があることを知った。だから自民党改憲草案の「憲法尊重擁護義務」の項から「天皇」が消え、「国民」がそれに加わったときに、びっくりしたのだ。そして保守政治家が、ほんとうは「立憲主義」を嫌っていることを理解した。

SEALDs（自由と民主主義のための学生緊急行動）の奥田愛基（あき）さんは、民主主義は道具だという。わたしたちはその使い方に習熟しなければならない。使わなければ、そのスキルも錆びてしまう。政治エリートたちが愚民観に立つならば、わたしたちは子どもたちに「主権者教育」を通じて、民主主義の使い手になってもらわなければならない。安倍政権は、第一次内閣のときに教育基本法改正をなしとげたあと、第二次内閣では一八歳選挙権を成立させた。第三次内閣はこれから教育委員会の廃止を伴う教育改革に乗り出すだろう。そうなれば教科書の選定は自治体首長の専権事項となるだろう。国民を同調圧力に従順な愚民に育てれば、日本の未来はない。

うえの・ちづこ　一九四八年生。社会学者。『ケアの社会学――当事者主権の福祉社会へ』『家父長制と資本制――マルクス主義フェミニズムの地平』ほか。

II

大田昌秀
無着成恭
米沢富美子
植田紳爾
篠田正浩
赤松良子
若松丈太郎
田原総一朗

そのかけらさえ味わうことのできなかった七〇年

大田昌秀

私の戦後は、さる沖縄戦の体験を抜きにしては考えられない。それほど沖縄戦の経験が、私の戦後の生き方そのものを左右してきたからである。

戦場から文字どおり九死に一生を得て生き延びて以来、私は戦争を憎悪し、極度の人間不信に陥っていた。

沖縄戦の過程で、県下の一二の男子中等学校と一〇の女学校のすべての学校の生徒たちが、なんらの法的根拠もないまま戦場に駆り出され、過半数があたら人生の蕾(つぼみ)のままの若い命を奪われてしまった。返す返すも残念でならない。ちなみに一〇代の若い人たちを戦場に動員する義勇兵役法が制定公布されたのは、一九四五年六月二三日のことで、同法によって男性は一五歳から六〇歳まで、女性は一七歳から四〇歳までを初めて戦闘員として戦場に送り込むことができたのである。もはやその頃は、沖縄戦では、守備軍首脳が自決して日本軍の組織的抵抗は終結していた。

私たちは、沖縄守備軍に動員され、鉄血勤皇隊（てっけつきんのうたい）を組織して、それぞれ銃一挺と一二〇発の銃弾と二個の手榴弾を持たされ、絶対に敵の捕虜になるなとして一個を敵に投げつけ、残りの一個で自決せよと命じられていた。そのあげく私は最後の決戦場たる摩文仁（まぶに）で敵の戦車に海岸まで追い詰められ、無意識のうちに海中に飛び込んだものの体が衰弱し切っていて一〇〇メートルも泳がないうちに意識を失ってしまった。気が付いた時は胸まで潮につかって海岸に倒れていた。

大東亜戦争は、欧米の帝国主義からアジア民族を解放する神聖なる戦争だと信じ込まされていた。しかし私が戦場でじかに目撃したのは、聖なる戦争どころか、表現を絶するほどの悲惨で醜いものでしかなかった。わずかな食糧をめぐって日本軍敗残兵同士が殺し合ったり、友軍将兵が地元住民をスパイ視して虐殺したり、子供が泣くと壕の所在が敵にばれるとして幼児を殺害するなど、夢想だにしない事件が連日のように続出した。そのため私は、生き延びはしたものの、戦後は生きる意味を見出すこともできず、無為に日々を過ごしていた。

そんな時、はからずも一九四七年秋頃に日本本土と沖縄間を往来していた密航船が、制定公布されたばかりの日本国憲法のコピーを沖縄民政府文教部にもたらした。縁あってそれを読んだ時、私は長い間の鬱屈（うっくつ）が一挙に晴れ上がり、初めて生きる意味を見出すことができた。何にも増して、同憲法の〈戦争をしない〉という九条の規定と第八章の地方自治を謳った規定に感動したからだ。

だが、一九五二年の平和条約の発効で沖縄は日本本土の独立と引き換えに日本から切り離されて、二七年間も米軍の直接軍政下に置かれたのみか、日本国憲法の適用からも除外された。その結果、沖縄の人々は人間らしい生活を営むことができなかった。憲法には基本的人権や人間が人間らしく生きていける諸々の権利が具体的に規定されているからだ。

こうして沖縄の人々は常に日本本土の何らかの目的を達成するための手段、すなわち物扱いされるか、政治的取引の具に供され、いかなる意味でも民主主義の恩恵に浴することはできなかった。敗戦後七〇年。この間の沖縄の実体験を通して言えば、沖縄はむろん戦後日本には、言葉の真の意味での民主主義は根づかなかった、と言うしかない。行政・立法・司法の三権分立も確保されずに立法・司法は、行政に従属している有様。そのため沖縄だけにしか適用されない駐留軍用地特措法が憲法九五条に違反して衆議院で九割、参議院で八割が賛成して改悪したのはその一好例だ。司法にしても最高裁は、沖縄住民の命を危険に晒している日米安保条約と日米地位協定を憲法の上位に位置付け、「統治行為論」として判断を避けている始末である。

日本国憲法が地方自治を規定しているだけでなく、一九九九年の地方自治法の改正で国と地方の関係は従前の上下関係から対等の関係に改まった。それにもかかわらず、政府は、最近の普天間基地の辺野古（へのこ）への移設問題に端的に示されているとおり、今も沖縄の圧倒的な民意を完全に無視して政府権力を一方的に押し付けて止まない。

このように沖縄の人々は、いまだかつて一度も民主主義の果実を享受したことはない。ましてや私個人が戦後民主主義を謳歌できるはずもない。わずかに民主主義とはいかなるものかを実体験し得たのは、米国に留学していた四カ年位でしかない。それも帰国後は元の木阿弥(もくあみ)に終るよりなかった。

基地の中にあるといわれる沖縄は、万事が軍事優先で民主主義が機能できる余地はない。一米軍司令官が、軍隊に民主主義があろうはずがない、と広言したほどだからだ。

それだけに沖縄の人々は「平和憲法の下に返る」というスローガンを掲げて復帰運動を推進したあげく、不当にも日米安保条約の下に返され、無念の思いを禁じ得ないでいるのだ。こうして私をはじめ同胞たちは、民主主義のかけらさえ味わうこともできずに戦後七〇年を過ごしてきたのである。

おおた・まさひで　一九二五年生。沖縄国際平和研究所理事長、元沖縄県知事。『写真記録　総史沖縄戦』『沖縄　平和の礎』ほか。

武器持たぬ手を満天の星に振る

――国家の教育から人間の教育へ

無着成恭

昭和二〇年二月、一八歳になる私たちは点呼を受けた。徴兵検査前でも召集できるように在郷軍人に編入するための点呼であった。

点呼に来た将校が私達一人々々に「この大東亜戦争に勝ち抜くには何が必要か?」と聞いた。「必勝の信念!」とか「負けじ魂」と言えば合格だった。その時、私の小学校時代からの親友伊藤泰治君が「敵にはないもの、一発で何万人も全滅させるような武器を発明することです」と答えた。そしたらその将校が「中等学校にはいったぐらいで生意気言うな!!」と怒鳴りながら、みんなが見ているその場で殴り倒し、鼻血の顔を足で蹴った。泰治君は農家の生れだったので農業要員として昼は働き夜間中学生だった。それで私とは別れ別れになってしまった。

昭和二〇年の八月、私は師範学校の生徒として羽黒山の山の中で松根油をしぼるための松の根掘りに動員されていた。そして八月八日（六日より二日遅れ）山から宿舎に降りてきたら、私よりさきに着いた連中がアメリカが八月六日に、熱線を利用した新型爆弾を広島に落したと書いてあると言って新聞を囲んで騒いでいた。そのとき私の頭にさっと浮んだのは泰治君の顔だった。

八月一五日、天皇陛下の声を聞いたのは羽黒山の社務所の庭だった。意味はよくわからなかったがこれで戦争が終ったということを直感した。仲間たちと、最初にでた言葉は、「道具を持って山から降りてくるんだった!!」という言葉だった。道具をとりに山へ戻りながら
「これで戦争終ったちゅうことか?」

「そうだべ。天皇陛下がやめって言ったら、軍部もできなかんべ」

「天皇陛下は絶対だ!! と言ってきたんだから軍部もそむくわけできないべ」

などという会話だった。

八月一六日に荷物をまとめて、一七日の早朝帰ることになった。アメリカ軍から鉄道をおさえられたら内陸の人は月山を越えて帰れ。庄内の生徒はまっすぐ歩いてくだれ——ということだった。しかし、八月一七日はまだ鉄道が動いていたので早朝狩川駅まで歩いた。

寺（私は寺の子ども）へ帰ってからいろいろあった。母親が一番心配していることは「天皇陛下はどうなるんだべ? 一番大変なのは天皇陛下だ」と言っていた。母の兄、つまり伯父は村会議長をしていたため、八月一日の村議会で「この戦争は負ける。その時あわてないように、米軍

から女子どもをどう守るか！　どこへかくすか！　この村議会で決めておこう」と発議したという。それを密告した議員がいて、翌日から刑務所にぶちこまれているという。まだ帰されていなかった。

父は考えこんでいた。それは須弥壇の最上段に御本尊釈迦如来像が安置されているわけだが、その前を立ち塞いでいるのが「今上天皇聖寿萬歳」という金ピカの今上牌だからである。父は「京都の泉涌寺は天皇家の菩提寺だから当然かも知れないが、わたしどものお寺ではなあ」と悩んでいた。

昭和二一年、正月になって天皇陛下が人間宣言をしたあと、この今上牌を須弥壇からおろし、まっすぐ御本尊が見えるようにした。

そして私は、師範学校に帰り、大変まじめに自由に勉強させてもらった。山形新聞の論説委員におられた須藤克三先生のところに自由に出入りさせていただき、戦前の北方教育運動のこと、生活綴方運動のこと、鈴木三重吉の「赤い鳥」の運動のことなど、教室で講座をひらかせていただいた。それは、戦後でなければできないことだった。一生徒が、こういう講座があればいいと思っても、戦前戦中は全く不可能なことだった。それが戦後は、学生の側に、その気があれば、学校に要求してそれができるようになったのである。民主主義ってすごいなあ——と思った。

私にとって民主主義とは何か？　と聞かれたら、「どうしてそういうことになったの？」とか、

「なぜ、そうなの?」とか、「なぜなぜ?」と疑問を持つこと、質問が自由にできるようになったことだ。

たとえば、戦争に負けたのだから「敗戦だろう。それをなんで終戦というの？」という類である。戦争と事変はどこが違うかという疑問のときも、天皇陛下が知らないところで軍人が勝手にやったことを事変というのだ、天皇陛下が詔勅を発してやったことを戦争というのだ。そんなら天皇陛下にも戦争責任あるじゃないか？　それなのになぜ？　と聞いて納得することが民主主義である。そんな理解のしかただった。

いわば、私自身にとっての民主主義とは、疑問に思ったことを納得できるまで聞くことができることだった。

「わが家はなぜ貧乏なのか？」その疑問の延長上に『山びこ学校』があり、「時計」のふりがなは「トケエ」ではなく何故「トケイ」なのかをとことん聞くことができる。その延長上に『続・山びこ学校』がある。そして『全国こども電話相談室』であった。

私のなぜの中で最も感動したのは文部省が昭和二三年に発行した『あたらしい憲法のはなし』だった。九条の『戦争の放棄』の説明に「「放棄」とは「すててしまう」ということです。しかしみなさんは、けっして心ぼそく思うことはありません。日本は正しいことを、ほかの国よりさきに行なったのです。世の中に正しいことぐらい強いものはありません」と言い切っているところだ。武器を持たないこと、戦争をしないこと、それが一番正しく強いことなのだ——と言い切っているところだ。「和を以て尊しとなす」という聖徳太子のコトバが生き返ったと思った。

つまりヒトもイヌもネコも畜養されなければ生きていけない哺乳動物だ。畜生として生まれる。ところが人だけは働く(傍(はた)を楽にさせる)ことで格ができる。格がある人を人間という。逆に傍(はた)を困らせる人を餓鬼という。ヒトは「人間」にも「餓鬼」にもなる。その「餓鬼」が武器を持つ。そして戦争をする。餓鬼がおこす戦争に、畜生も人間も巻きこまれてしまう。

戦争は餓鬼がおこすものだから、今からの日本人は餓鬼になるなよ、格を持った人間になれよ——というのが『戦争の放棄』だよ、と子どもたちに説明したのだった。

私はこのとき、「餓鬼どもがおこす戦争に畜生も人間も巻きこまれてしまうのだなあ」という父のつぶやきを思い出していた。

むちゃく・せいきょう 一九二七年生。僧侶、教育者。TBSラジオ『全国こども電話相談室』の回答者を三三年間つとめる。『山びこ学校』『無着成恭の昭和教育論』ほか。

不動の覚悟と不断の努力

米沢富美子

一九四五年八月一五日の大阪は、快晴だった。

あの日の夏空を、私は一生忘れない。私の人生で一番過激なパラダイムシフトを見た日だから。

私は、六歳で、小学一年生だった。

あの空から爆弾が降ることは、もう無い！

それがどんなに幸せで安心なことか。爆弾の下で暮した経験のない人には、言葉を尽くして説明しても、この安堵感や幸福感は理解してもらえないだろう。

私の父は、それより四年前の一九四一年に、赤紙で狩り出され、南方に「拉致」された。二六歳だった。結局、終戦の翌年に戦死の公報が入る。父の応召後、大黒柱だった祖父も、栄養失調と空襲の過労で、やはり終戦の翌年に五三歳で他界。祖父も戦争犠牲者の一人だ。

残された母と祖母と、六歳の私と、四歳の妹。女四人が戦後を生きてきた。

焼野原で食糧難の戦後だったが、世の中は明るかった。爆弾が降らない安心感に加えて、「民主主義」と「男女同権」という言葉が、まるで魔法の呪文のように人々の心を捉えた。身分(!)や貧富の差や性別に拠ることなく、誰もが「一票」を行使できる。全ての人間が「平等」なのだ。平等。何と偉大な概念か。

小学生時代も、中学・高校の時も、学級委員や生徒会の役員を「民主的に」全員の選挙で決めた。「民主主義」がキラキラと輝いて見え、生徒も先生も、その言葉を口にするとき、浮き浮きとしていた。

「男女同権」も嬉しかった。女だから控えろ、の類の発言は、誰からもされなかった。教育も、何の遠慮もなく受けられた。男女同権を憲法に書き込んでくれた人に、心から感謝した。

憲法と言えば、「不戦の誓い」が書き込まれたことも大きい。平和なくして、平等は存在しないからだ。上述のように、戦争がないこと、すなわち爆弾が降らないこと、が戦後の生活を活気づけた最大の要因である。

あれから七〇年。

民主主義の「キラキラ度」が弱り、少し草臥(くたび)れて見えるようになり、平等や男女同権は本質的な実現への道は険しい。今のところ空から爆弾が降ることはないが、きな臭い空気が漂い始めた。

しかし、民主主義や平等や平和は、元来、只(ただ)で天から降ってくるものではない。そもそも、民主主義が草臥れたりはしない。草臥れたのは人間だ。
民主主義も平等も平和も、人間が懸命に守っていなければ、簡単に逃げてしまう。まず、立ち向かう覚悟が必須だ。そして、常に気を抜かず、見張っていなければならない。いつも、次の手を考えている必要がある。

真っ正直に、ただ直線的に、構えていて、享受できるものではない。ときには、作戦や策略も要る。特に、政治においてはそうだ。

日本の民主主義に関して国民が草臥れたと感じるのは、闘い方の拙さゆえに、民主主義の構成原理としての「多数決原理」が正しく働かないためだ。特に「一強多弱」の構図を易々と許してしまって以来、「一強」は得票の三割を獲得するだけで、勝つ。七割の無力感が、疲労感になる。
「多弱」が、何らかの共通の理念で「組む」ことなしには、結果は最初から絶望的だ。

「組む」に関して、最近の大阪府知事選で非常に面白い例が見られた。どちらかと言うと右端の党(これが一強のはずだった)とどちらかと言うと左端の党が、「驚愕の共闘」をした。いずれも老練な党だ。共通の敵に立ち向かうべく「小異を捨てて」のつもりだったのだろうが、「就くべき大同」もないことを有権者が見抜き、勝てる構図にはならなかった。しかし、動機や成果がどうあれ、「組む」ことを実践してみせた点は、評価できると私は思う。
「多弱が組む」ことや、「一強に匹敵する党を作る」ことも含めて、それらを実現できる真の政治家を育てていくのも、有権者の仕事だ。弛(たゆ)まぬ努力を続けなければならない。弱音を吐いたり、諦めたりしている暇はない。

同じように、平等も平和も、途絶えることなく見張り、適切な手を打ち続けるのが、何より大切だ。空を奪われることが二度とないように、手を緩めず守っていかねばならない。生きるというのは、実のところは、そういうことではないか。

斯く述べた如く、民主主義が本当の意味で育つには、それに立ち向かう人間の、「不動の覚悟」と「不断の努力」が必要条件で、なお且つ、長い時間がかかる。

日本で民主主義が始まって「もう七〇年」ではない。「わずか七〇年に過ぎない」のだ。多分、何百年もの年月が必要なこの事業。われわれが生きている間に、成熟した民主主義をこの国で見ることはできないだろうが、少しでも前に進めて、次の世代にバトンタッチしたいものだ。

よねざわ・ふみこ 一九三八年生。慶應大学名誉教授。物理学。『不規則系の物理』『人物で語る物理入門』(上下)ほか。

グレートリセットの時

植田紳爾

日本はほんとうに民主主義の国なのか？　「民主主義」という言葉ばかりが先行する、巨大で空虚な幻影なのではないか。最近そんな疑問や不安に悩まされる。

戦後七〇年。われわれはともすればあの敗戦の屈辱や反省が希薄になり、目先のことばかり必死になって追い続けているような危機感を覚えている。

前文化庁長官の近藤誠一氏は、経済学者リチャード・フロリダの言葉「いまや文明はグレートリセットの時期にある」を紹介して、こんなふうに問題を提起されている。

――われわれ人類は民主主義を導入したことで、平和と繁栄が恒久的に約束されていると思っていたが、近年の相次ぐ金融危機や先進国の経済低迷、格差社会の拡大やテロなど、ヨーロッパ先進国をはじめ世界中でその制度を支えてきた国家がその機能を発揮できないまま多くの問題に直面している。そしてリベラル・デモクラシーがうまく機能しなかった理由として三つの問題があり、一つは冷戦勝利によって民主主義の体制が普遍的だと思い込んだこと、二つ目はそれを機能させるためのモラルやマナーがどんなものか根本的な教育をなおざりにしたこと。三つ目は先進国が民主主義を乱用・悪用したために、格差が拡大し信頼を損ねている——と語っておられる。

広島長崎や沖縄での悲惨な経験や各都市での無差別爆撃。それによってどれだけの無辜（むこ）の人たちが犠牲になったか。そんな血みどろになって手に入れた民主主義。その大切な原点が、ともすると良心や道徳心が希薄になり、民主主義の名のもとに利己主義が広まっている。

歳月は苛酷なもので、すべてが無になる運命にある。何よりも〝現在〟が幅を利かす。その上に理論が成り立つ。しかしあの悲惨な戦争を体験しない人たちは、理論だけで戦争の悲惨さを見ているような気がしてならない。だから今こそ体験者が語らなければならない時なのだが、血みどろになって人を殺した人々にはそれはあまりにも苛酷なことなのだろう。「黙して語らず」という口の重さが戦後支配した。それは理解できるし、責められることではない。しかし、われわれのすべてのことの原点が、あの敗戦経験や体験にあるのだ。

終戦の詔。あの時はほんとうに解放されたと生きている喜びに沸いたが、心のどこかに自分たちだけが生き残ったという悔いがあった。これがどうしても口が重たくなる原因なのだろう。そんな厳しい経験によって得た民主主義が、ほんとうに七〇年で果たして根付いたのだろうか？　最近はそんな体験や経験のない人たちがその最も大切なことに目を背けているように見えてならない。

戦争は絶対にしてはいけないものだ。人間と人間が殺し合う。それは決して許されるはずはない。また一〇〇歩譲って、刃向ってきたので防衛したというのであればまだ少しは理由になるだろうが、何の罪もない女性や子供たちまで殺すことは神への冒瀆でしかないはずだ。人が人を殺戮することは、よほど異常な人間でなければできないはずだ。しかし戦争とは、そんな恐ろしく醜いものを正当化する愚劣なものなのだ。

僕は敗戦の年に中学一年生だった。実際に戦地で苦しんだ方々、もっともっと苛酷な戦場で血を流した方々にはおこがましいようなささいな経験だが、そんな体験や経験をした人たちが少なくなっている現在では、そんな異常な経験を、ほんの少しでも語ることが必要なのではないかと考えている。

僕は福井の大空襲を経験した。敗戦の年の七月のことだ。疎開していた福井で、夜中大空襲があった。次の日、それでも学校に向かった僕の眼に入ったものは、まだブスブスと焼けている家々、そして多数の焼死体。福井城址のお堀には溺死した人が多数浮かんでいた。とにかく駅から学校に行くまでの道に死臭が漂い、「あッまたここにも」と、においでわかる死体の数々。

そして学校では、すぐに手伝えとの動員がかかり、われわれもかり出された。兵隊たちの号令監視のもと、山のような死体を一カ所に集めて荷車に乗せる作業を行った。中には幼い子供を抱き抱えて死んでいる母親の姿もあった。何の罪もないこんな人たちまでもが殺されるのか、という気持を抱いたが、一時間もするとそんな気持は消え去り、ただ黙々と作業を続けている自分自身に気がついて、ゾッとした。

人間は極限になると正否の判断もなくなるのだと自分自身が恐ろしく、これが人間なのかと不信感にとらわれた。もう少し敗戦が早ければ、何の罪もないあんな女性や子供までが悲惨な目にはあわないですんだはずだと思うと、何と無残なことであったか、今でも胸が痛む。これが戦争なのだ。

それをわれわれは体験し反省して平和国家の創造を誓った。過ちは二度と繰り返すまいと。しかし現実はあまりにも空しく、現在でも地球のあちこちで悲惨な戦争が起こっている。

ほんとうに人間は、どれだけ過ちを繰り返せばいいのだろう。しかし歴史を振り返ると、人間は誕生の時から闘争心を示している。いくら「戦争ＮＯ」と叫んでも現実には不可能である。悲しい現実だが、戦争はなくならない。最近でも憎悪と殺し合いは終わることなく、繰り返されている。

戦争は相手があって初めて成立するものだ。つねに「攻撃されたらどうするのか」という議論になる。家族を守ることは当然だが、現代では核戦争という、かつての人間たちの経験をはるかに越えた現実がある。ボタンひとつで地球が崩壊する恐れがある。それをどうするのか？　そんな大問題を、多数決という民主主義のひとつの論理で解決しようとしても、とうてい解決できるものではない。

それなのに、現在の日本でも多数決を確保するために、ねじれや策略がまかり通っている。これが、血みどろになって手に入れた反省や後悔の結果なのだろうか。

戦後七〇年。もう一度「グレートリセット」するべき時が来ているのではないだろうか。

うえだ・しんじ　一九三三年生。劇作家、演出家、宝塚歌劇団特別顧問。代表作(脚本・演出)に『ベルサイユのばら』『風と共に去りぬ』など。著書に『宝塚　百年の夢』ほか。

日本人はデモクラシーの主人公たり得るか

篠田正浩

最も多感な年頃、私は完全な皇国少年として過ごしました。そのため、私にとって意味が重いのは、八月一五日よりも、翌年(一九四六年)元旦の天皇の人間宣言のほうでした。天皇が、現人神でない、自分は人間であると言われた。信じていた世界が引っ繰り返った瞬間でした。

中学三年生のとき、陸軍が派遣した配属将校から、軍人勅諭を教わりました。切腹の仕方まで教わったのです。当時はそれが異常なこととも思えなかった。そして(岐阜県)各務原の軍需工場に学徒動員されました。一年間学業が停止したのはアナーキーな気分になれて嬉しかったのですが……。これは切羽詰まった事態です。私はやがては軍人になりたかったけれど、父には「アメリカと戦争するなら科学者になれ」と反対されたものです。

動員先の工場は敵機に狙われ、飛行機の滑走路に一トン爆弾が投下されます。私たち学徒は、敵機が去ったとたんにシャベルを持ってわーっと走っていって、爆弾で開いた直径二〇メートルもの大穴を、土で塞ぐ作業をするのです。

印象的だったのは、戦争末期の四五年春頃からでしょうか、沖縄のラブソングが流行りだしたこと。「安里屋ユンタ」という歌でした。マタハーリヌ　チンダラ　カヌシャマヨ。また会いましょう、愛しいひと。この歌はもとは、重税に対する八重山のプロテストソングと言われていますが、軍需工場は戦争の前線であったから、沖縄戦、玉砕、と日に日に膨らんでくる滅亡感にぴったりくる調べだったのではないでしょうか。

そして敗戦を痛感したのが、焼け野原に残っていた地元のレコード屋さん(松栄堂)で聴いたグレン・ミラーの「Moonlight Serenade」です。長い戦時下、先には常に死が待っていて、みな貧しくとも天皇の赤子としては同じで、現世利益は棄てていた。私は極端から極端にふれた子ども〜青春時代を送ったと言えるでしょう。日本はこんな、鼻歌交じりでジャズをやっている奴らに負けたのか、と思いました。私にとって「民主主義」の実感はこのサウンドだったのです。その印象が「In The Mood」を響かせた自作映画『瀬戸内少年野球団』につながっていくのです。

歴史を語るのは、難しい。私がいま語っているのは、どう歴史を認識すべきかは、いかに難しいかのモノローグであるとも言えます。

戦争が終わって、フランス革命のようなことは私たちの目の前では起こらなかった。起きても良かったと思うけれど、起こらなかったのです。占領下で私たちは民主主義を教育された。

「戦後民主主義」とは何かと訊ねられたら、私にとってそれは理念ではありません。たとえば兄は戦後、満洲(旅順工科大学に行っていました)から帰ってきました。その兄嫁がときどき泣いていたのを記憶しているのですが、兄に対して母が、「よそから来た女の人を泣かせるなんて男として最低です」ときつく叱っていた。これが民主主義か、と驚いた。女性参政権という制度上のことよりも、その場面の方が印象的なのです。天皇のために死のうとしていた民衆が、どうやってデモクラシーの主人公になれるのかと思っていましたから、嫁をかばう母の姿は新鮮なものでした。民主主義という言葉を使わなくても、人民の政治というのは古来から行われたわけです。私はそれよりも、社会における平等よりも男女平等が大切だ、男が教育されなければならないと思いました。

また、学校で、「これからの日本の政治はどうしたらいいか」と問われ、私が「共和制にして国民の代表である大統領を選ぶことです」と発言して、教師にギョッとされたことがあります。大人はそれに対して正面から答えられなかった。国民も国民主権を望んでいなかったし、アメリカもそれを望んでいなかったということがだんだんわかってきた。新憲法が四七年に施行されたとき、戦争が終わって二年しか経たないのに、誰がつくったんだ、と驚いたものです。

民主主義も八紘一宇も、政治イデオロギーの別の言い方だと思ったのです。憲法九条も「聖典」ではなく元々が「日本に対する降伏文書」であり、占領下で生まれたものだと認識すべきと思っています。占領軍はアッツ島やペリリュー島で玉砕した日本軍と現人神の解体が必要だったはずです。そこを直視することから始めなければならない。安保法制は憲法違反だとの批判を聞いていても思うのですが、憲法九条は降伏文書であったと認識したならば、そこから国家として、国民としてどういう再生の方法をみつけるのか模索する、それが正しい戦後の足取りだったと考えています。

私たちは現在も、無謀な戦争をした代償を払いつづけています。

本当の歴史を直視し、「占領下」でない「独立国」になるために何ができるのかという時代。今はやっと、真の「政治の季節」に入ってきたのではないでしょうか。

しのだ・まさひろ　一九三一年生。映画監督。作品に『心中天網島』『スパイ・ゾルゲ』ほか。

写真：© Mineko Orisaku

「棚からぼた餅」から「私たちの民主主義」へ

赤松良子

戦争が終わり「戦後」が始まったとき、私は一五歳だった。丸っきりの子供ではなく、一応様々なことを理解し、記憶している年齢である。大阪府立夕陽丘高等女学校の生徒だったが、いよいよ戦況が厳しくなってくると、女学生も労働要員としてかり出され、私も毎日軍需工場で戦闘機に載せる無線機の組み立てをやっていた。当時、髙島屋百貨店の五階と六階が工場に転換させられていて、元々百貨店だからそれほど陰気な場所ではなかったが、何より戦争が優先で、とても勉強どころではなかった。親もせっかく大事な子供を女学校に入れたのに、勉強の一つもしないのはどうかと思っていただろうが、もちろん誰も文句は言えない。誰も何も物が言えない、それが戦時中の日本の恐ろしいところだった。

戦争そのものも悲惨なことだが、戦争のもたらす食糧難、物資不足が人々の生活を蝕んでいた。

いなかった。

太平洋戦争は、長く、どんどん深みにはまっていく消耗戦であり、終わったときには何も残って

それでも八月一五日に、少なくとも日本本土では戦争自体は終わり、その前と後ではまったく違う毎日になった。何といっても空襲がなくなった。もう空から爆弾が降ってくることはないのだ。大阪は東京に続く第二の都市として、繰り返し大規模な空襲に見舞われた。わが家も丸焼けとなったが、東京大空襲が三月一〇日、大阪大空襲は三月一三日といった具合に、東京の約一週間後には大阪も必ず空襲を受けたのである。最後は八月一四日、敗戦の前日の陸軍造兵廠を標的にした大空襲では、被害者の総数もわかっていない。

そして、赤紙(召集令状)がやってくる恐怖から解放された。これこそ経験していない人にはわからないことであろう。当時満二〇歳の男子は徴兵検査を受け、身体能力別に甲乙丙丁のランクがつけられていた。私の兄たちはチビなので「丙」だったが、戦争末期に戦況がひどくなると、乙だろうが丙だろうが片っ端から兵隊に取られていった。突如届けられる赤紙によって、どこに住んでいようと、親が危篤でも明日結婚式でも、有無を言わさず期日までに所定の連隊に赴かねばならないのである。本人もつらいが、生きて帰る保証はないのだから家族もたまらない。空襲と赤紙は、私にとって戦争のいやさの象徴であった。

それが八月一五日、頭の上に広がっていた黒い雲がぱあっと晴れたような思いだった。玉音放

送を聞いたのは疎開していた豊中で、何で泣くのかわからなかったが、みんな泣いた。私も人並みに泣いた。しかし翌日からは空襲もない。夏のことで、海水浴に行きたくても、いつ何時攻撃があるかわからない、非常に危険だと禁止されていたが、天下晴れて泳げるようになった。何より好きなことを言ってもいいのである。戦時中は言論の自由がまったくなく、学校の教師たちも厳しくたいへん抑圧的だったが、一気に空気が変わった。

そのとき一五の子供ながらに感じたのは、「日本人の男の変わり身の早さはすごい」ということだ。あれほど「鬼畜米英」と言っていた人が「アメリカは民主主義ですばらしい」などと言い出す様には、少々気持の悪いような思いがしたものだ。それも学校の校長や教頭など「えらい人」ほど変わり身が早く、昨日と違うことを言って平気という姿には、かれらへの尊敬はまったくなくなった。私の戦後の出発点はそこにある。

そして進駐軍がやってきた。かれらを「進駐さん」と呼んでいたが、大阪にもたくさんの進駐軍が来て、初めて敵だった生身のアメリカ人を見た。あれほど「残虐な鬼畜米英」と教え込まれていた人々が決していやな感じではないのである。また女性の軍人は当時流行の肩が張ったパワースーツを着て、男女とも何とも格好のいいことに心底驚いた。戦時中教え込まれたのはいったい何だったのか。占領政策は、負けて悔しいとか復讐したいという思いをかき立てるものではなく、陰鬱で言いたいことも言えず、食べる物もない戦争中の軍国主義より、民主主義の方がずっといいやという実感があった。それだけ軍国主義は人権を抑圧し、苦しみを強いてきたのだ。日本国憲法を押しつけだと言う人はいまだにいるが、その方がずっといいという実感を多くの人が持った事実は消せるものではない。

特に女性にとって、戦後作られた日本国憲法の意味は大きい。男女の平等が明記され、政治面では女性も参政権を得、さらに生活面では民法が改正されて長子相続が根本的に転換し、相続権も手にした。女性にとっては天と地ほどの違いがそこから生じたのだ。

憲法を書いたベアテ・シロタは有名だが、日本の女性政策の実務を担ったのはGHQのエセル・ウィード中尉である。ウィードがだめだといったら何もできないと言われたほど猛威をふるった女性で、労働省の婦人少年室を応援し、『会議の進め方』という小冊子を作った。民主主義とは会議をしなければいけない、会議のやり方はまず議長、書記＝記録係を決めること、提案は一つではだめでセカンドが必要だという、これぞ民主主義という内容だ。この小冊子を婦人少年室が配って歩いて啓蒙活動をした。これが占領政策の中核として、労働省の婦人少年局の業務につながっていく。

戦前は女性には何の権利もなく、男性より劣っているとされ、学業においても大学ではなく女子高等師範学校という「専門学校」にしか行けなかった。それをしかたがないと思う女性もいたが、私はおかしいと思う側の人間だった。小さいときから男の子と渡り合っても負けたことがない上に、女の子の遊びは嫌いで戦争ごっこばかりしていた。大手を振って女が好きなことができるようになったのが「戦後」なのだ。こんなおかしなことがあるかと思ってきた私にとって、戦後民主主義には「ごっつぁんです」という思いである。

しかし、憲法ができ、建前は変わっても社会の実態はなかなか変わらない。特に残されていた課題が職業における平等で、一九八五年に雇用機会均等法ができるまで就労における女性の差別は放置されていた。私は一九五三年に労働省に入ったが、当時女性を採用する企業はほとんどなく、公務員試験にうかればどうにかなるだろうと思ってのことだった。しかし、実際は試験に受かっても女子を採用していた役所は労働省だけだったのである。

私が配属された婦人少年局は局長が後の津田塾大学学長の藤田たきさん、課長が参議院議員になった田中寿美子さん、課長補佐がデンマーク大使になった高橋展子さん、係長が衆議院議員になり、大臣や官房長官を務めた森山眞弓さんというメンバーで、「花の婦人課」と言われていたが、何のことはない、労働省も婦人少年局しか女性を採用しなかったのだ。仕事はおもしろかったが、広報啓蒙活動が中心で、ずっとここにいたのでは本当の国家公務員の仕事はやれない、行政官として必要な経験を積むことはできないという思いが強まっていった。他の局への異動をしつこく希望して人事課長に迫り続け、やっとの思いで入省五年後、一九五八年に埼玉労働基準局に転任した。

現在は立派な建物になったが、当時は木造でトイレが水洗ではなく、牛や馬がくみ取りにやってきていて、ずいぶんな田舎にやられたなあという印象だった。当時労働省同期入省は二〇人、東大出の男たちはみな二年経ったら着実に昇進し、五、六年経ったら地方の課長に出向する。私たち女にはそんな展望やキャリアの道はまったくなかった。男女雇用均等法も作りたくなるというものではないか。

戦後四〇年、一九八五年にようやくできた雇用機会均等法は、一九八〇年に国連の女子差別撤廃条約に日本がサインしたことに伴って、政府の申し合わせにより、労働省は職業差別の解消のために法律をつくることを指示されて実現した。ペリーの黒船しかり、日本という国は、大きな変化が生じるときには必ず外圧がある。八五年は七六年から始まった国連の女性年の最後の年で、国連からの風がなければあのとき雇用機会均等法はできなかった。そして、戦後憲法は外圧による変化の最たるものと言えるだろう。

いま、私の課題は政治の世界に女性をいかに増やすか、ということだ。日本の女性議員の数はあまりに少なく、そのために日本の女性の地位は先進国で最低になってしまっている。いまだに男女を問わず、社会の草の根に性別役割分担意識が根深いことが要因である。

一九四六年の総選挙で女性は三九人も当選したが、その後激減、いまだに女性議員の割合は一一パーセント強と一八九カ国中一四七位である。今にして思うのは女性の参政権も憲法も「棚からぼた餅」、自分で勝ち取ったものではなかったということだ。他国の女性参政権運動はかなりラディカルで、生死を懸けた闘いを展開した。「棚ぼた」は根付かないのである。

二〇一五年夏の安保国会を見ても、それを許す市民、国民のあり方が問われていると思う。与えられた民主主義を使い果たして、また戦争の道を歩んでいくのか。坂道を転げ落ちる戦争を体験した者として、今ならまだ止められる、今が大事だということを強く伝えたい。いまこそ「棚からぼた餅」を超えて、「私たちの民主主義」を獲得するときなのだ。

あかまつ・りょうこ　一九二九年生。財団法人日本ユニセフ協会会長、元文部大臣。著書に『忘れられぬ人々』『均等法をつくる』『新版　女性の権利　ハンドブック女性差別撤廃条約』ほか。

〈核災〉の渦中から

若松丈太郎

アジア太平洋戦争による死者の総数は二五〇〇万人を超え、三〇〇万の日本人が犠牲になった。その反省のもとに、わたしたちは全体主義国家から民主主義国への転生の歩みをはじめたはずだった。だが、占領下の一九四七年に米ソ冷戦がはじまったことが、日本の戦後民主主義に大きな影響を与えてしまった。

戦後、二〇万人以上を公職から追放し、極東国際軍事裁判所はA級戦犯二五人を有罪とし、七人の死刑を執行した。ところが、冷戦を背景に七人以外の戦犯と容疑者を釈放し、旧勢力の中核的存在だった岸信介らの戦争責任や、例えば小林多喜二の虐殺など反民主主義的犯罪を犯した者たちの行為を徹底追及しないまま、要職への復帰を許してしまった。このことが戦後民主主義を不完全で擬似的なものへと変質させた最大の原因だった。さらには、国会の審議と承認なしに警察予備隊を発足させ、日本国憲法の主柱である第九条を施行からわずか三年後に空洞化させ、日米安全保障条約締結後もひきつづき米国に基地を提供し、基地周辺住民を公然と差別した。

日本国憲法の原案とされる憲法研究会による『憲法草案要綱』の第一章「根本原則(統治権)」の第一条は「日本国ノ統治権ハ国民ヨリ発ス」であり、第二章は「国民権利義務」である。ところが、日本国憲法では第一章を「国民の権利及び義務」とはしなかったことも、戦争責任追及の不徹底さと表裏をなすものだろう。

『憲法草案要綱』の最終項には「此ノ憲法公布後遅クモ十年以内ニ国民投票ニヨル新憲法ノ制定ヲナスヘシ」とある。『憲法草案要綱』起草者のひとり鈴木安蔵(南相馬市小高出身)は、五年もすれば国民の民主主義思想が成熟し、国民投票の実施によって共和制の選択がなされるだろうと期待していたのだという。しかし現実は逆行して、憲法そのものを空洞化してしまった。

半世紀以上にわたって保守政党が多数議席を占める政治状況は、政官財の癒着をつよめ、むしろ官僚が永久政権を掌握したかのような体制をつくりあげた。政治に少数意見が反映されにくいことから無党派層の選挙離れがすすみ、負のスパイラルが働いて全体主義的無責任体制が復活し、いまさまざまな分野で横行している。

いわゆる原発事故を中国語では〈核災〉と称することを知って、わたしはこの語を用いている。福島県内の核災関連死者は、震災による死者一六〇〇余人を大幅に超え、二〇〇〇人に迫ろうとしている。そして、いまも県内外に一〇万人の避難者がいて、その四分の一の人びとの帰還は高線量のためおそらく難しいと推測される。何人もの知人たちもこのなかに含まれる。

国は、核の平和利用であるとか、安価な電力を安全に得られるなどと神話を作りあげて、国民を欺いた。東京電力は、経済性を優先して、稼働年限を一〇年、二〇年と延長して老朽炉を運転しつづけ、しかも想定された地震と津波の危険への対策を改善・強化しなかった。

これらの結果としての福島核災は構造的な無責任体制が発生させた起こるべくして起きた人災であり、犯罪であって、〈事故〉という概念から逸脱するものである。

電力業界内では自社の配電エリア外に設置した核発電施設の立地地を〈植民地〉と言っていると、ある人から聞いた。例えば、中部電力関係者が「東電さんには〈植民地〉があってうらやましいですね」というように用いているのだという。たしかに、東京電力はその所有するすべての核発電施設を、電力を供給しているエリア外に置いている。福島、柏崎刈羽、東通、すべてがそうだ。

近代の〈東北〉は、常磐炭田、秋田・新潟の油田開発、只見川電源開発事業があって、六〇年代の〈エネルギー革命〉後は東電福島の運転開始と、首都圏へのエネルギー供給地であることを担わされつづけた。

それだけではない。〈東北〉は、一九四五年までの七〇年間は侵略戦争のための兵員供給地として多くの人命までも収奪され、戦後の経済成長期には〈集団就職〉という若年労働者の狩りだしも受けた。加えて、核災発生後の現在も、国は被災した核発電施設周辺住民の生存権をないがしろにしてはばからない。核災の被災者は日本国憲法第一一条をはじめとする条項が保障する権利を享受できない〈植民地〉の住民なのか、棄民なのか。

だが、だれもその責任をとろうとはせず、停止中の核発電施設の再稼働をすすめ、輸出しようともしている。

戦争責任を徹底して追及しなかった結果としての現在があると考えるとき、将来に禍根を残さないためには、核災原因者たちの犯罪を追及しなければならない。核災原因者とは、電力事業者だけではなく、疑似民主主義国家、無責任国家を構築した権力の枢軸とその継承者たちでもある。あわせて、わたしたちは核災の処理を被災者の立場から将来にわたって監視しつづける必要がある。

わかまつ・じょうたろう　一九三五年生。詩人。『福島核災棄民——町がメルトダウンしてしまった』『若松丈太郎詩選集一三〇篇』ほか。

若松丈太郎

正しい戦争などない

田原総一朗

一九四五年八月一五日。私は国民学校(私が入学した年から、小学校が国民学校となった)五年生であった。五年生の夏休みで、よく晴れた暑い日だった。正午から天皇の玉音放送があると市役所からいって来た。昼前に家族たちはラジオの前に集まった。近所にラジオのない家もあって、近所の人が五〜六人一緒に聞くことになった。

正午、玉音放送がはじまった。はじめて聞く天皇の声であった。ただし、ノイズが多いのと、難しい表現が多かったので、全体の趣旨がわかったとはいい難い。しかし、〝敵は残虐なる爆弾を使用し〟とか、〝堪え難きを堪え、忍び難きを忍び〟などの言葉は現在も鮮明に憶えている。

ところで、玉音放送が終って、近所の人たちの意見は二つに割れた。〝戦争が続く〟のだという意見と、〝戦争が終った〟という意見にである。実は、当時の新聞には〝本土決戦〟という文字が躍っていて、政府はあくまで戦い抜くという姿勢を示していたようであった。

八月に、関東の九十九里に米軍が上陸する。とすると滋賀県の彦根市に米軍が来るのは一〇月末になる。そのとき女性たちは山に逃げ、男たちは爆弾を抱えて戦争に突込む……。こんなことが話し合われていたのである。

午後になって、市役所の係官が、メガホンで〝戦争は終りました〟といって来た。

もちろん、降伏したり、つまり敗戦だと誰にもわかった。

私は、敗戦と知って、前途が真暗になった思いになり、二階に駆けあがって泣いた。

当時私たちの前途は陸軍を選ぶか海軍を選ぶか、つまり軍人になるしかなかったのだが、私の従兄が海軍兵学校に入っていて、彼の話も、服装もカッコよかったので、私も海軍兵学校に入りたいと思っていたのである。敗戦でその途が閉されたので絶望的になったのだ。泣いて、泣いて、寝てしまった。そして目が醒めると夜になっていた。そこで二階の窓から下を見ると、町が明るかった。前夜までは空襲に備えて灯火管制をしていたので町は真暗だったのである。敗戦で、灯火管制の必要がなくなったので町が明るくなったのだ。私は複雑な気持ではあったが解放感を覚えた。

問題は二学期だった。

一学期までは、受け持ちの教師も校長も、もちろん新聞もラジオも、日本の戦争は、侵略国であるアメリカやイギリスなどを打ち破って大東亜の国々を独立させるための聖戦だと強調していた。そしてきみらも早く大きくなって戦いに参加し、天皇陛下のために名誉の戦死をせよ、といわれつづけていた。

それが二学期がはじまると、同じ教師や校長たちが、〝あの戦争はやってはいけない戦争だった。侵略戦争だった〟といい、一学期までは英雄だった東条英機など政府や軍の幹部たちが、戦争犯罪人として、悪の権化のようないわれ方をするようになった。そして三学期になると、一学期までは押し頂いていた教科書を墨でぬり潰すことになった。

価値観が一八〇度変ってしまったのである。

新聞やラジオの報じ方も一八〇度変った。しかし、価値観が変ったことに対する――困惑、苦悩というようなものがまるでなく、あっさりと変ってしまったのである。

もちろん、従兄をはじめ多くの親戚、知人が戦死し、伯父、伯母たちが空襲で焼出されていて、戦争は嫌だという思いは強い。だが、その戦争も侵略戦争だと全否定すれば、数多くの戦死は全くのムダ死であり、何の意味もなく焼け出されたのだということになる。

小学生ではあったが、教師たちや新聞、ラジオなどの価値観の転換に強い衝撃を受けて、大人たちが分別ありそうに語ることは、実は信用出来ないと感じざるを得なくなった。そして国というものも国民を騙すものだと思わざるを得なくなった。

そして、このことが、私がものごとを判断する、いわば原点となっている。

ところで戦後民主主義は憲法抜きには論じられない。

中学の社会科の授業で、新しい憲法は主権が国民にあり、基本的人権が認められ、言論・表現、結婚、宗教の自由、そして男女同権などを明記して、理想的な民主主義をうたい上げていると教えられた。実はマッカーサーのＧＨＱ（連合国軍総司令部）が策定したもので、国権の発動としての武力行使、戦争は永久に放棄することになっている、とも説明された。私は、現在でも、日本政府ではなくＧＨＱが策定したからこそ、このような理想のかたちになったのではないかと捉えている。非武装についても抵抗感はなく、自衛隊が出来たときにも、日本が軍隊を持って大丈夫なのか、暴走する危険性はないか、と不安さえ感じたものであった。

三〇歳近くになり、国家の安全保障ということを、あらためて考えたとき、第一次世界大戦を捉えなおさざるを得なくなった。第一次世界大戦は、人類がはじめて体験した総力戦で、ヨーロッパのほぼ全土が戦場となり、夥しい市民を含めて一〇〇〇万人以上が亡くなった。そこで、ヨーロッパの全ての国々、そしてアメリカを含めて、戦争は悪であり、正しい戦争などはないということになり、一九二八年に自衛戦以外の全ての戦争を禁止するパリ不戦条約が結ばれ、同年に日本も調印したのである。

ところが、その三年後に日本はあきらかに条約違反の戦争を惹起させた。満州事変である。もちろん日中戦争も条約違反である。そしてドイツもポーランドに侵攻した。

ここへきて、日本では、国権の発動としての戦争を放棄した戦後の日本のあり方を否定し、正しい戦争論争が起きそうな気配がある。だが、私は、戦争を知っている世代の限界かもしれないが、正しい戦争などはない、と断固としていい続けたい。

たはら・そういちろう　一九三四年生。ジャーナリスト、評論家。『原子力戦争』『塀の上を走れ』『安倍政権への遺言』ほか。

III

加藤登紀子
鳥越俊太郎
赤川次郎
尾木直樹
羽鳥操
原一男
きたやまおさむ

自分を裏切らずに、自分を選択する勇気を

加藤登紀子

今回、安保法案に反対するSEALDsの動きの中で、高校生もデモに参加するようになったのを見て、とっても嬉しかったですね。というのは、私が初めてデモに参加したのが高校二年でしたから。

一九六〇年、日米軍事同盟としての新安保条約が国会で強行採決されたのが五月一九日。そのころから反対運動が一気に盛り上がり、六月四日には全国でゼネストが起こり、日本中で五〇〇万人以上の人が参加したと言われています。

都立駒場高校で、駒場放送局なんて偉そうに言ってたサークルの副局長をしていた私は、このゼネストの日のデモにみんなで行こう、とサークルの人に呼びかけたのです。

その時は、未成年の高校生がデモに参加するのは早過ぎるという意見の人が多く、前日の夜遅

くまで友達の家に集まりカンカンガクガク。

結局私が初めてデモに参加したのは六月一一日、四人だけで国会から渋谷の南平台の岸首相の家までのデモに参加したのでした。

その日はからりと晴れた日で、青山通りがデモ隊の人で埋まり、両側のビルの窓からはみんなが手を振っている！　その晴れやかな風景を今もはっきりと覚えています。

六月一五日には学校からも何人も参加、国会の周りは数十万人の人で埋め尽くされていました。でもその日はデモ隊と警官隊の揉み合いになり、雨の中負傷者が続出する異様な雰囲気で、「高校生は帰りなさい」と言われ、家に帰ったのです。東大生の樺美智子さんが国会構内で機動隊に殴られ、亡くなった事を知ったのはその夜中のニュースでした。

翌日の早朝、毎朝放送している朝の学内放送で、昨夜のデモの事、樺美智子さんの死を伝えなくちゃ、と意気込んで学校に行くと、局長をしていた佐藤信がもう来ていて、原稿を書いていました。彼は前夜、大学生と一緒に国会構内に入り、警察にボコボコにされ気を失って病院に運ばれた、と言うのです。

この日の経験は、私たちの人生の中で大きな意味を持つものになったと思います。佐藤信はその後演劇の道に入り、自由劇場を設立、劇団黒テントの活動で足跡を残しています。

私は二年後、樺さんを追うような気持ちで東大に入ったのでしたが、敗北感の強かった六〇年以降の学生運動は迷走気味で、私自身の想いの中で政治活動に限界を感じ、東大演劇研究会に入って演劇活動をやってるうちに在学中に歌手になったのです。

学生運動が低迷していたとは言っても、一九六二年には「大学管理法」への反対が大きな盛り上がりになり、学内ストが何度も決行され、その後の全共闘運動に繋がる胎動は続いていました、安保改定で日米軍事同盟が実効する中で憲法を変えるための憲法公聴会が頻繁に行われ、それに反対するデモに参加した人はみな、血だらけになって帰ってくるという日々でした。

その中で私の抱えていたモヤモヤは、負けると解っていて行動することの不安や疑問、それでもつい行動を正当化するために強引に自分に嘘をついてしまうことへの違和感でした。

そんな中で母が言ったこんな言葉が心に残っています。

「みんな敗北敗北って言うけれど、国を向こうに回して勝てるわけがないのよ。それでも行動することに意味がある。戦後すぐにもＧＨＱを相手に学生がデモをした。それはアメリカに日本の力を認識させたのよ。ある、とない、では大きな違いがあると思うわ」

戦争をくぐり戦後の民主主義を手にした世代の直言です。

が、歌手になった私は、学生生活という狭い世界では計り知れない人々を前にステージに立ち格闘することになりました。心に届く言葉を探しあぐねて。

忘れもしない一九六八年。ベトナム反戦の世界的な盛り上がりの中で日本の学生が新宿を占拠し防衛庁に突入した年。私は東大卒業式のボイコットのデモに参加し、当時の全学連のリーダーだった藤本敏夫と出会いました。

「学生集会に来て歌ってくれ」という彼に私は「音楽を政治の道具にするのは好きじゃない」と断りましたが、何を歌えばいいのか本当に悩み、私なりの歌にたどり着きたくて六九年に創ったのが「ひとり寝の子守唄」でした。

当時東京拘置所にいた藤本からのハガキに「独房の部屋にある便所の蓋を開けるとネズミ君が顔を出す。それが唯一の友達だ」と書いていたのがきっかけになったんです。

その時同時に思ったのは、学生たちに棍棒を振るう機動隊の人たちの事でした。自分の思いとは関係なく、目の前の学生を殴る、ってどんな気持ちだろうと。社会が人々を否応なしに分断していくけど、みんなが思いを声に出せるわけじゃない。命令されれば従わなくちゃならない人の方が多いんですよね。淋しい時代だな、と。

今も思いは同じです。歌はどちらかの側の人たちのためじゃなく、分断される立場を繋ぐものでなくちゃいけない、と。

今行動を始めた学生にも、声を出せない人たちにも、同じように自分を見失わずにいて欲しいと願っています。民主主義というシステムは選挙という手段でみんなにチャンスをくれています。もちろんその権利は大事。

でもそれ以上に「生きる」ということの中で自分を裏切らずに、自分を選択する勇気を持ちましょう。国や社会という大きな力に踏みにじられず、現実に向き合える個人の意志こそが民主主義なのですから。

かとう・ときこ　一九四三年生。歌手。最近の曲に「1968」や震災後の「今どこにいますか」。二〇一五年には歌手活動五〇周年をしめくくるアルバム「百歌百会」をリリース。

「戦後一期生」として

鳥越俊太郎

私は、そして私の同世代は「戦後一期生」である。

昭和一四年、一五年(早生まれ)に生を受け、終戦時は、五、六歳。昭和二一年四月に小学校に入った。僅かだが、戦争末期の記憶もあり、戦後のいわゆる「戦後民主主義」の洗礼を最も若くして受けたので「戦後民主教育の一期生」と呼んでも間違いないだろう。

しかし、正直なところ、昭和二一年度は日本の国自体が敗戦で呆然自失の有様で、「民主教育」などと言えたものではなかったと思う。その証拠に私たち小学一年生は〝男女共学〟ではなく、男女別々のクラス編成だった。

二年生から〝男女共学〟となり、先生たちの口から「民主主義」という言葉が発せられるようになったと記憶している。

ホームルームなる言葉が登場したのもその頃である。

「ホームルームの話合いの場では挙手をして発言しましょう」「話合いの結論は多数決で決めましょう」

この挙手し多数決という行動原理は私たち戦後一期生に深く染み込み、その後の人生では社会規範のより所となっていったと思える。

しかしながら、この多数決原理が、現実の社会や政治の世界で少数意見の無視や国会での強行採決などを目にするにつれ、実際には相当〝まやかし〟なものであることも学んできたように思う。

私たちの世代の民主主義は、実は「平和と民主主義」という風に必ず「平和主義」と対をなすものであったことが特徴だったように思える。平和と民主主義は切り離すことができない一対の言葉だったのである。それは他の世代とは異なる戦後一期生独特のものであった。

私たちより少し先輩にあたる天皇陛下は戦後の〝平和と民主主義〟思想の申し子ではなかったのか？ と折に触れ思うことがある。

天皇は皇室の慣例に反し、まず皇族ではない一般市民の女性と結婚し、これもまた慣例に反し子供たちを自らの手で育てた。皇室の車列は信号を無視し、厳重な警戒の中、東京の街中を走るのが慣例だったが、現在の天皇は一般社会の例にならい、信号を尊重するようになった。

こうした今上天皇の振る舞いは思春期に家庭教師をつとめたアメリカのクェーカー教徒、バイニング夫人の影響が大きかったと思われる。バイニング夫人は当時皇太子だった天皇の一二歳から一六歳までの四年間、人間が最も多感な時期に家庭教師という直接肌身に接する関係を持った。クェーカー教徒は〝非暴力〟を信条としていることで知られ、バイニング夫人は一九六九年六月、クェーカー行動委員会のベトナム反戦デモに参加し、ワシントンの国会議事堂前で逮捕されている。

今上天皇がA級戦犯の合祀されている靖国神社を参拝しないのは、天皇陛下の意思であるとされる。さらに天皇は戦後五〇年となった平成七年、強い希望で広島、長崎、沖縄、東京・下町への「慰霊の旅」を行った。さらに「南太平洋への慰霊の旅に行きたい」と側近に相談された。友好親善ではなく〝慰霊〟が目的というのは前例がなかった。しかし、戦後六〇年の節目の年にはサイパンに慰霊の旅を果たされ、戦後七〇年にあたる昨年平成二七年には激戦地、ペリリュー島のあるパラオに行かれた。また八月一五日には「深い反省」という言葉で太平洋戦争を表現され、つぎはぎだらけの安倍総理の〝七〇年談話〟に比べて深い衝撃を国民に与えた。

その意味で天皇、皇后両陛下は私たち戦後一期生の〝旗手〟であると考えている。

その天皇陛下は、戦後日本社会が豊かになるにつれジワジワと変容し、右傾化していくのをどういう思いで見ているのか？　ひょっとするとニガニガしい思いで受け取めているのではないか、とさえ戦後一期生は思いを巡らせるのである。

そして私たち国民の前に半ば強引に引き出されてきた集団的自衛権行使を核心とする安保法制。各種世論調査では国民の六〇パーセントが反対し、国会の状況に八〇パーセントの人々が「説明不足」と感じている法案が与党の強行採決で目の前をすっと通ってしまった。これが戦後の「平和と民主主義」のなれの果てか⁉ 戦後一期生は腹の底からの憤りを覚える。

今回の強行採決は私たち戦後一期生が教えられた〝多数決〟の原理を踏みにじっている。確かに国会の中では自民・公明両党の勢力が多数派かもしれない。しかし、民主主義にあって最も大切にしなければならないのは税金を納めている国民の意思ではないのか？ 国民の六〇パーセントが「NO！」と反応する法案を力まかせに通した安倍政権は、もはや戦後民主主義が通用しない独裁政権と化したのである。

とりごえ・しゅんたろう 一九四〇年生。ジャーナリスト、キャスター。『がん患者』『君は人生を戦い抜く覚悟ができているか？』ほか。

民主主義と母の涙

赤川次郎

戦後生まれの私にとって、「戦後民主主義」はスローガンではなく、日常生活の一部として、そこにあった——はずである。

満洲からの「引き揚げ者」だった両親の下、博多で生まれた私は七歳のとき、父の転勤で東京へ出て来た。父にとっては東京本社への栄転だったのだろう、出発の駅のホームで、「万歳！」と唱和している人たちを、ぼんやりと憶えている。

父は軍隊に行くのがいやで満洲へ渡ったのだが、満洲映画協会に勤めて敗戦を迎えた。帰国後、満映の人たちで作った「東横映画」が、やがて東映になり、昭和三〇年に父は東京の本社へ。母と私たち三人の子供も上京したわけだが、教育映画部部長だった父はいい家に住んでいただろう(見たことがないけれど)が、母と子供三人は、六畳と四畳半の、風呂もないアパート住いだった。

父は博多にいるころから、外に女性を作り、そちらで暮して、ほとんど家には帰らなかった。

東京でもその状況は変らず、母はずいぶん辛かったと思う。

個人的な話ばかりで申し訳ないが、私にとって、「民主主義」とは、法律だけで「男女平等」をうたっても、「人間」が変らなければ無意味なものというのが実感だった。かつて、男がある程度の地位につくと、妻以外の女性を妾として持つのが「男の甲斐性」と言われた。

父が仕事で羽振りの良かったころには、誰一人として、父に意見する人はなかった。

「人間」は容易に変るものではないのだ。二一世紀になっても、男女平等が日本で実現されているとは誰も思っていないだろう。保守の政治家から、今でもしばしば「女は家庭にいて子供を産めばいい」といった発言がくり返されているのは周知の通りだ。

私が子供心にもう一つ、「戦後民主主義」を感じたのは、「貧しさ」である。

博多で小学校二年生の一学期までを過し、東京の小学校へ編入したとき、ベビーブームのピークで、一クラスが五〇人を越えていた。

そして、クラスに数人は必ず際立って貧しい家の子がいた。まだ戦争の傷が生々しく残っている時代だった。戦時中の「産めよふやせよ」の国策の下、同じクラスの子で、一二人兄弟の末っ子という子がいた。戦時中に国から表彰されたと聞いたが、戦後のくらしはどんなに大変だったろうか。

公立の小学校では、多少のレベルの差はあれ、どの家も生活していくのに精一杯だったろう。

その「貧しさの平等」は、私たちをきたえてくれたと思う。

そして幼ないころから、父に泣かされて生きて来た母を見ていた私は、同じクラスの女の子を、他の男の子たちのように呼び捨てには決してしなかった。必ず姓に「さん」を付けて呼んだ。他の男の子から、からかわれたりしたが、気にしなかった。

私が憲法や民主主義について考えるようになったのは、もちろん中学生になってからのことだ。すでに国からの教育への干渉が始まっていた時期だが、たまたま私立校へ入ったことで、自由な空気が健在だったのである。

外国文学からヒューマニズムを学び、歴史の読物から加害者としての日本を知った。すぐれた歴史の先生との出会いも、戦後民主主義を考える上で大きな刺激になった。

けれども、私の民主主義への信念の原点にあるのは、幼い日に見た「母の涙」である。夫の横暴を泣いて耐えるしかなかった母の姿は、「弱い者を守る」ことこそ民主主義の基本だ、と私に強く信じさせた。

もちろん、それは「愛する人を守るために戦う」と戦争を美化することとは全く違う。こういう言い方は、戦争という大きな出来事を個人のレベルの話にすりかえて正当化しているのだ。それは少しも「弱い者を守る」ことになっていない。

今も、「日の丸、君が代の強制」に苦しむ教師から、「フクシマ」の故郷を追われた人々まで、理不尽な力に泣く大勢の人たちがいる。

その涙は、遠い日の「母の涙」に重なっているのである。

私を含め、ものを書く人間は、その涙を怒りのエネルギーに変える手助けをしなければならない。

日本が再び「戦死者」を出す国になる前に。

次の世代を私たちのせいで泣かせてはならない。

あかがわ・じろう　一九四八年生。作家。「三毛猫ホームズ」シリーズ、『セーラー服と機関銃』ほか。

平和を学ぶことは危険なのか？

尾木直樹

僕が生まれたのは一九四七年です。だから、僕自身は戦争を体験していません。ですが、僕の過ごした子ども時代は、いたるところに「戦争の傷跡」が感じられました。駅前では、傷痍軍人の姿をたくさん見かけましたし、小学校の行き帰りなどでは、進駐軍のジープが二、三〇台も連なって県道を走るのをよく目撃しました。体の大きな米兵たちのそばを通ると、僕ら子どもたちに気前よくガムやチョコレートをばらまいてくれました。日本は戦争に負け、占領されているんだ、と子ども心にも感じました。

僕の両親も自らの戦争体験をよく話してくれました。気象予報官だった父は、戦時中、軍属として南方に従軍しました。現地の人に襲われそうになったことや、食糧がなく飢えに苦しんだこと、などなど。また、戦闘機を飛ばすかどうかの判断は、気象予報によるところが大きく、父の判断が命に直結するものであったことへの複雑な気持ちなども、率直に語ってくれました。

なかでも、僕にとって衝撃だったのは、母親のことです。母は戦前から教員を務めており、とても正義感の強い人でした。地元の環境運動や平和運動などにも積極的に参加していました。僕が中学生のころだったと思います。家の蔵を何気なくあさっていたら、新聞記事を切り貼りしたスクラップブックが目に入りました。それは母親が戦時中につくったものでした。開いてみると、「皇軍、レイテ戦で大勝利」など、国民の戦意を高揚させる内容の新聞記事ばかりが、たくさん集められているのです。きっと教育者として、「日本は戦時中、こんなにおかしなことになっていたんだよ」と後世に残すために資料として集めていたのだろう、と僕は思いました。

ところが、母にたずねると、そうではありませんでした。教師だった母は皇国史観を疑わず、それらの新聞記事を集めていたというのです。教師として、子どもたちに「お国のため」に戦争に協力することをよいことと教えていたのです。そのことを、戦後になって、母は深く悔いていました。そんな深い反省のもとに、平和の大切さを知り、様々な運動に参加していたのでしょう。

そういえば、小学校のころ、先生が国語の授業の中で日本国憲法について教えていたとき、真っ赤な顔をして、口角沫を飛ばすほどの勢いで「戦争を放棄した日本の憲法は、世界で一番、すぐれた憲法なんだ」と子どもたちに話していたことを、鮮明に思い出します。この先生にも、教育者として戦争と平和をめぐる個人的な体験や思いがあったのかもしれません。

このように、僕は戦後生まれですが、「戦争の傷跡」を感じ、また両親などから「戦争の記憶」

を受け取ってきました。いま戦後七〇年を経て、「戦争の傷跡」はだいぶ薄れたことでしょう。しかし、それとともに「戦争の記憶」まで消し去ろうとしていないでしょうか。たとえば、こんな調査結果があります。NHKが二〇一五年に行なった電話調査で、広島と長崎の「原爆の日」をそれぞれ正しく答えられた二〇代、三〇代は二三パーセントしかいないというのです。

そのことに関して、僕が東京都内の区立中学の教師を務めていたときのことが思い出されます。一九九〇年代はじめのことです。九〇年に湾岸戦争が起き、翌年には自衛隊の掃海艇がペルシャ湾に派遣されるなど、日本でも戦争と平和をめぐる問題が大きくクローズアップされました。そうした中で、僕は子どもたちに改めて、戦争や平和について自ら学びとってもらいたいと考えました。当時、教務主任だった僕は、修学旅行の行き先を、それまでの定番だった奈良と京都から変更し、広島にしようと提案しました。

ところが、そこからが大変。区議会などでは議員から「偏向教育だ」などと批判され、僕をはじめ、教師や学校が攻撃されそうになったのです。僕たちは、旅行先に京都も加えるなどして、何とか広島への修学旅行を実現させました。そして、子どもたちは、実に多くのことを自ら学びとってくれました。事前学習として両親や祖父母などから戦争体験を聴いたり、原爆の子の像の前では、演劇部の生徒が詩の群読を行なったり、さらに学校に戻ってきてからは、自ら学びとったことを文集にまとめるなどしました。しかも、アメリカが原爆を開発するために、人類初の核実験が行なわれたニューメキシコ州の学校に手紙を書き、その後、その学校の子どもたちと交流がはじまるまでに発展したのです。教師だった僕も、子どもたちの力に驚かされました。

いま大人や社会は、「偏向教育だ」「自虐的だ」などと言って、子どもたちを「戦争の記憶」から遠ざけようとしていないでしょうか。二〇一六年からは一八歳選挙権も実施されます。若い人たちが主体的に政治に向き合えるよう、社会は後押しをしなければなりません。「戦争の記憶」を伝え、子どもたちに平和について考える機会を与えることも、僕は後押しの一つだと考えます。

安保法制をめぐっては、高校生なども含め、多くの若い人たちが抗議の声を上げました。「自分たちの平和な暮らしを壊されてはたまらない」。組織の動員によってではなく、個々人が自らの内発的な動機によって立ち上がったのです。自分たちの未来は、自分たちで決める。こうした若い人たちの姿勢にこそ、僕は光を感じます。

おぎ・なおき 一九四七年生。教育評論家、法政大学教授。著書に『いじめ問題をどう克服するか』『「学び」という希望――震災後の教育を考える』ほか。

尾木直樹

からだの民主主義

羽鳥　操

昭和二四年四月、角筈(つのはず)（現・東京西新宿）で私は生まれた。いちばん古い記憶の扉を開けてみると、昼夜を問わず戦後復興に挑むエネルギーが渦巻く街としての新宿が、その姿を現した。まず視野に入るのは、新宿駅を中心として、淀橋浄水場傍に自宅があった西側と日常の買い物について行った東側に広がった街の様相だ。街中では、当時は地上にあった西口改札口から少し離れた所に傷痍軍人が立ち、東西を行き来する大ガード手前にある暗くジメジメした小さなガード下ではおばあさんと少年が座って物乞いをしている姿を見かけた。こうした街で耳にする言葉は「闇市、進駐軍、アメリカ兵、引揚者、シベリア帰り、戦後成金」等、選りにも選って子供たちはそうした言葉を覚えてしまうものである。それらの言葉を生み出した大本は何か。それは「日本は、戦争に負けた」という事実であった。このことを周囲の状況から推し量って、子供は子供なりに理解していた。これが私の原風景であり、昭和二〇年代後半の街の記憶である。

一方、暮らしに目を向ければ、老いも若きも表向きは底抜けに明るかった。とりわけ「お化け電球」と皆が呼んでいた停電が頻繁におこる電球の下、家族や時に近所の人と共に夕餉の食卓を囲む場は、言いようのない安心感で満たされていた。その明るさの裏側には、それぞれが戦争の悲惨な出来事の仔細を語らずとも、戦時中にからだに刻まれた体験は生々しく「戦争は絶対悪だ」と、大人たちからは無言の発信がなされていた。殊に、嫁入り前の娘も、復員した男性の妻も、子育てに勤しむ母も、仕事を持つ婦人も、多くの女性たちは何はともあれ平和が戻ったことに格別な思いを噛みしめていた。皮肉まじりに発せられる「戦後、強くなったのは女と靴下」という言葉をしばしば耳にした。この言葉に先立つのは、建前であっても女も自分で考え意見を言うことが許される〝男女平等の世の中に変わった〟ということだった。

その後、昭和三〇年代半ば、ベトナム戦争が始まった。女子だけの私立小学校に通っていた私だったが、六年生の社会科の授業で新聞の切り抜きを持って戦争反対の拙い演説をし、女性教師を唖然とさせてしまった。「この子は危ない」と、行く末を案じた両親と先生によって音楽大学附属中学受験を勧められ、一〇年間を音楽に邁進することで周りの人々を安心させていた。それには一人の僧侶の言葉の支えがあった。高校一年の夏に知り合ったその人は、京都の革新府政を支えた清水寺・大西良慶管長の庇護の元で、教学部長をしていた福岡精道師である。音大を卒業するまでの凡そ七年間、師との文通は続いた。「ベトナムに平和を！市民連合（べ平連）」でも活動していた彼は、シベリア抑留生活を踏まえて戦争の不条理を説きながらも、音楽や他の芸術による救済を切々と語ってくれた。私には社会活動よりも芸術のロマンに生きることを熱望する言葉が、手紙の最後にはいつも添えられていた。

こうした出会いから得られた経験の一つひとつが、実は野口体操への一本道を造っていたのだ、と今になって思う。

「個人が個人として自分の頭で考え主体的に生きる」という思いが、私の中に育っていた。「野口体操は個の自由を求める体操である」という創始者・野口三千三の言葉ではっきりと目覚めた。昭和五〇年に遅れてやってきた〝私の戦後民主主義〟は、からだ自体が潜めている〝原初的な実感を伴った言葉〟を回復させる営みを、体操を通して積み重ねる「からだの民主主義」の実践の始まりだった。交換のきかない自分自身のからだを自分のものとして実感し、常に「これでよいのか」と問い続ける体操との出会いである。もともと体操は不得意で体育授業を出来る限り逃げ回っていた私には、新鮮な驚きに満ちた世界だった。言葉をからだに落とし込んで〝思考する体操〟は、これまでの体育には全くなかった、と言っても過言ではない。命令のままに盲目的に服従し、ひたすら皆に合わせる体操とは違う。からだの奥底から沸き上る〝身体の感覚〟を救い上げ、内側からからだが変わる時間の長さを受容し、そのまどろこしさに〝まるごとの自分〟を委ねる。いつしか柔らかくしなやかに動くことが出来るようになったからだの感覚を、明確な言葉にするのは実に難しい。一つひとつの感覚はどれもハッキリしていても、全体としてはモヤモヤしている。曖昧模糊としたからだの出来事を誤魔化さずに探り続け、「これだ！」と思える瞬間が訪れるまで、心棒強く対話を繰り返す。いかにも孤独な営みだ。下手をすると自己満足に陥る危険を孕んでいる。そこで先入観を捨て様々な視座から確かめ、多様な価値を認める柔軟な力を養いつつ、より確かな言葉に置き換えることを求める体操である。

翻ってみれば民主主義の手筈も同様で、本来は身体感覚に根ざした最良の選択をしぶとく繰り返す営みが、その根底にはあるはず。そのことが蔑ろにされる危うさに気づいた個としての市民や学生が、お仕着せの言葉ではなく、自分の言葉で語り始めた戦後七〇年の年、これからに繋げたい新しい民主主義の扉が開かれたことに希望を託したい。

はとり・みさお 一九四九年生。「野口三千三授業記録の会」代表、「野口体操の会」主宰。『野口体操入門――からだからのメッセージ』『野口体操 ことばに貞く――野口三千三語録』ほか。

私の出生をめぐる「謎」

――戦後民主主義を生きて、いま

原一男

私の誕生日は、一九四五(昭和二〇)年六月八日。今頃になって、この日付がホントかしらと疑いはじめている。

自分の父のことを母親から聞いたのは、二〇歳前。「お前のお父さんは大阪の人で荒物屋(あらもの)をやってた。戦争が激しくなって出征することになった。生きて帰ったら一緒に暮らそう、って言い残してね。で待ってたんだけど帰って来ないし、アメリカの爆撃が激しくなって仕方なく宇部(山口県)の山田のおばさん(母親の姉。異父姉妹)のところに身を寄せた。その時、お前がお腹の中にいたの」

私は〝めかけの子〟である。母親は若い頃、大阪で水商売をしていて、その父なる人の二号さんだったわけだ。それまで漠然と自分の父親なる人は誰なんだろうかと感じてはいたが、口にすることなく過ぎていた。ハッキリと父の素性を聞いてもショックのようなものは全然なかった。会いたいとも思わなかった。

その後、報道写真家を目指して上京、銀座「ニコンサロン」で個展を開催。後にドキュメンタリー映画を作るようになり『さようならＣＰ』(一九七二年)、『極私的エロス・恋歌１９７４』(一九七四年)、『ゆきゆきて、神軍』(一九八七年)を、そして『全身小説家』(一九九四年)を発表した翌年、母が亡くなった。その一年後、友人のジャーナリストが私を取材したいと、故郷の山口に住む妹や宇部の山田のおばさんの元を訪ねた。その彼が雑誌に発表した記事を読んで驚いた。私の父なる男は、実は僧侶であったという。

驚くことはまだあった。妹が語ったという……。宇部にアメリカ軍の爆撃が迫っていたとき。その日、空襲警報が鳴り、山田のおばさんは臨月の母を気遣いながら近くの防空壕へと逃げ込んだ。そこで急に産気づいた。「山田のおばさんが兄をとりあげ、へその緒を切ったんです。これから先、戦争がひどくなっていくし、女手ひとつでこの子を育てていくのは大変だし、この子も不憫……。鼻を摘まんで窒息死させても、今なら誰も不自然には思わないから」。そう説得する姉の言葉にいったん頷いたものの、いざ赤子を抱いて鼻を摘まもうとしたとき母は「止めて！この子はなんとしてでも私が育てるから！」。そう叫んだという。防空壕で産まれたのか！　驚きはあったが、うまく言葉にならなかった。

出生の〝事実〟を知らないままに五〇年間生きてきた自分の命が、この世にあることが不思議だなあという感覚だった。敗戦直前に生を享けた私にとっては、戦後民主主義という価値観は物心がついたときにはごく自然に体の隅々に染み込んでいた。空気のように。が、この出生の〝事実〟を知ったことで、誕生直後に命が〝消える〟かもしれなかった〝危うい幸運さ〟と戦後民主主義という価値観とを相関関係として、因果関係といってもいい、自分の存在こそが戦後民主主義そのものであるという感覚と思考……。強引な理屈だと思いながらも、皮膚感覚そのものになっている。

私(たち)が作ってきたドキュメンタリー四作品は、ヒーローたちが他者との関わりをまさぐりながら己を確立していく物語……。

『CP』では、身体を労働できるかどうかでランク分けする価値観を壊そうとCP(脳性麻痺)者が自己解体していく苦闘を。『極私的エロス』では、管理された出産システムを女性自身が我物として取り戻すべく自力出産に挑戦する姿を。『神軍』では、地獄の戦場ニューギニアから奇跡的に祖国に生還した皇軍兵士たちが、一方は戦後の市民社会に溶け込む生き方を選び、一方は己の人生を賭けて天皇と天皇制に抗うという生き方を描き、『全身小説家』では、文学の革命を標榜し癌に冒されてさえなお虚構の持つ力をバネに生を希求する姿を。まさに〝昭和という時代の精神を描いた〟と考えているが、それは期せず戦後民主主義という精神が昭和という時代に一気に花開いたことと符号する。しかも、そういうヒーローたちを主人公に選び作品にしたことは、身体化している無意識の領域を数式化して可視化せんという指令が働いたとしかいいようがなく、当の私自身が不思議な因縁を感じている。

昨年(二〇一五年)の夏、テレビ番組の取材・撮影のため故郷の宇部と山口を訪ねた。私が産まれたという防空壕を、まさにここで産まれたんだよ、と自分の目で確かめたかった。

その防空壕があったという場所の近くに長く住んでる耳鼻科の老医師に色々聞いた。「あなたが聞いてるその場所は、当時沼地だったので防空壕なんてなかった。ここから一キロくらい先にある低い山の崖状のところに、横穴を掘った防空壕があった」。すぐその場を探したが、どうも、ここではないな、と勘みたいなものが否定する。取材に同行していた山田のおばさんの長男、従兄弟が「いや、ここじゃないよ」という。「やっぱり、ここだったハズだよ」と指さす場所は、今は住宅や店舗が並び、昔、防空壕があったという佇まいなど微塵もなかった。

が、老医師の話に気になる部分があった。「六月八日という日付だが、その頃はまだ空襲警報も本気で鳴ってなかった。そんな時期にお腹の大きな女の人を防空壕に連れてなんか行かなかったと思いますよ。実際に宇部空襲があったのは七月二日です」と言う。急いでネットにアップされている資料をみると、第一回爆撃は四月二六日、第二回が五月一四日、いずれも小規模。そして三回目の爆撃が七月二日。このときが最大の規模とある。だが六月八日に爆撃の記述はない。とすると空襲警報が鳴って防空壕に逃げ込んだときに産気づいて……というその日は、いつのこと？

戦後七〇年。七〇歳になった今、私が生を享けた日付が曖昧であることが判明したことのサインは、いったい何だろうか？

私の生きてきた軌跡全てが、戦後民主主義的なる価値観によって突き動かされてきたという感じがあるのだが、その戦後民主主義が危うい今、さらに闘い続けることを求められているのだろうか？

はら・かずお 一九四五年生。映画監督。作品に『さようならＣＰ』『ゆきゆきて、神軍』ほか。

居座る「夕鶴」や「帰って来たヨッパライ」のように——潔くなく生きる

きたやまおさむ

私は一九四六年六月一九日に生まれました。したがって、私の母が受胎したのは終戦直後のこととなります。若い夫婦にとって終戦とは、安心して子どもを育てられる世の中が訪れたことを意味していたのでしょう。平和と性は密接な関係にあります。戦後ベビーブームが訪れたのも、そうした背景があったからです。そのような生臭い事情で生まれてきた私は、まさに「終戦の申し子」のような存在でもあり、常に「終戦」というものを意識しながら育ってきました。

終戦とともに訪れた「戦後民主主義」。この「戦後民主主義」という言葉に、私は二つの相反する側面を感じとってきました。

一つは、罪意識です。ごく簡単に言ってしまえば、民主主義とは、国民一人一人が主権をもち、国家を運営する主体となることです。ですから民主主義では当然、責任が重要になります。戦時中、日本は他国の人々に多大な被害を及ぼしてきた。だから、日本は罰を受けなければならないし、日本人はみな、その罪をうつ向いてかみしめなければいけない。そんな重く苦しい空気を感じながら、私は育ってきました。

特に私の父親からは罪意識が強く感じられました。戦時中、父は軍医として満州に配属されますが、結核を患って帰国させられます。その後、父の所属していた部隊は南方戦線へと送られ、壊滅したといいます。父は自分だけが生き残ったことへの罪意識(サバイバーズ・ギルト)を強く感じていたようで、戦後は、医者として、ほとんど休むことなく身を粉にして、病気の人のために尽くしました。

とかく日本人は、いったん罪意識をもつと、それを自ら抱え込み、思いつめてしまう傾向があります。「自分だけが悪い」「自分さえいなければ」と。戦争責任に限らず、今日、会社や学校でも何か問題が起きると、追いつめられて、潔く消え去ろうとする人たちは後を絶ちません。

このように日本人全体に何となく罪意識が浮遊しているような、暗い状況にあって、私は「戦後民主主義」のもう一つの姿に魅了され、飛びつきました。それは音楽です。戦後、日本に入って来たジャズやポップスなどの欧米の音楽は、とても明るく、楽観的に生きることを肯定しているように感じられました。私は京都で育ちましたが、古いお寺に囲まれた暗い環境の中では、音楽だけが唯一の輝きでした。

やがて私はフォーク・グループ「ザ・フォーク・クルセダーズ」の一員として音楽活動をすることになります。フォーク・ソングは権威に対する異議申し立てとして、一九六〇年代当時の学生運動とともに広がっていきました。私は、一瞬であったとしても、当時、音楽は革命に成功したと思っています。「帰って来たヨッパライ」は、アマチュアとして活動していた私たちが一九六七年、解散の記念に自主制作したレコードでした。神戸のラジオ局のディレクターの好意で番組でかけてもらったところ、三〇〇枚のレコードは即完売。大手レコード会社からシングル盤が出され、一般の人たちの支持を受けて当時としては異例の大ヒットとなりました。音楽教育を受けたわけでもない〝持たざる者〟が、音楽業界というエスタブリッシュメントに異議申し立てをして成功したわけです。このことは、民主化された社会だからこそ成し遂げられたことであり、ここにも「戦後民主主義」の明るい一面があったと、私は考えます。

さて、「終戦の申し子」である私は、このように暗くて明るい「戦後民主主義」の二つの矛盾した側面を体験しながら育ってきました。常に罪意識をどこかで抱えながら、一方で、生を肯定し、はっきり異議申し立てをする音楽にのめり込む。明るく生きながらも、暗く罪意識を感じている。うつ向きながらも、まっすぐ明るく生きようとする。

「日本人はアジア諸国によいこともやった」「これ以上、謝罪の必要はない」……。そんな勇ましい声が、いま日本社会で強まっているように感じます。でも、そう簡単に割り切れるものなのでしょうか。どこかで罪意識を感じながらも、だからといって潔く消え去るのではなく、大いなる矛盾を抱えながら、どっちつかずで歩んできた。そんな明暗併せ持つ「民主主義」のあり方を、いまいちど確認してもよいのではないでしょうか。

日本の民話を題材とした木下順二の『夕鶴』では、鶴の姿となりボロボロになりながら布を織る美女、その矛盾を与ひょうに見られたつうは潔く去っていきます。こうした潔さを称賛する文化が日本には根付いています。でも、つうが潔く去らずに「鶴人間」として与ひょうと仲良く幸せに暮らしていく話があってもよいのではないでしょうか。

潔く去るのでもない。だからといって、罪意識をきれいに洗い流すのでもない。天国に行ったヨッパライが、神様に追い出されても現世でダラダラと過ごす。そんな矛盾した生き方こそが、もしかしたら日本のみならず、世界中がうまく共存していくヒントになるのかもしれません。

きたやま・おさむ　一九四六年生。精神科医、作詞家。白鷗大学副学長。作詞家としての代表作に「戦争を知らない子供たち」「あの素晴しい愛をもう一度」ほか。

IV

柄谷行人
石川好
津島佑子
宮崎学
石原信雄
田中秀征
川村隆
内田樹

憲法九条を本当に実行する

柄谷行人

戦後七〇年といわれていますが、「戦後」という言葉を第二次大戦後という意味で使っているのは、たぶん日本だけでしょう。それは、日本には戦後に新憲法があって、戦争をしないことになっているからです。憲法九条が、普遍的な意味を持っていることは確かです。それは、さかのぼればカントの『永遠平和のために』の精神を受け継ぎ、一九二八年の不戦条約の精神を受け継いでいるものです。そして、実際に日本人に支持されています。

しかし、それは人々が憲法九条について啓蒙されたからではなく、護憲運動があったからでもありません。憲法九条は、当時日本人が戦争を反省して自発的に作ったものではなく、占領軍が強制したものです。だから、保守派は日本人の自発的な憲法を作ろうといってきたわけです。しかし、強制されたことと自発的であることとは、矛盾しない。たとえば、憲法ができて数年後、朝鮮戦争の際にアメリカがこの憲法を変えようとしたとき、日本人はそれに抵抗しました。そのときに、日本は憲法九条を自発的に選んだといえます。

ただ、この時期の問題は、憲法九条の解釈を変えて自衛隊を承認したことです。ある意味で、解釈改憲はこのときから始まったといえます。しかし、憲法九条自体を変えようとはしませんでした。保守派はそれを変える機会が来るのをずっと待っていたのですが、できなかった。いまもできません。それは、戦後の日本人には、戦争を忌避する精神が深く根付いたからです。それは「無意識」のものです。集団的無意識です。これは意識的なものではないから、論理的な説得によっても、宣伝・煽動によっても変えることができない。そして、これは、社会状況が変わっても世代が変わっても残る。

アメリカは日本と同じではありませんが、ベトナム戦争でよく似た経験をしています。ベトナム戦争以降、彼らは二度と徴兵制を採れない。それは無意識の戦争忌避があるからです。日本の憲法九条のように明文化はされていませんが、もし現職の大統領や大統領候補が徴兵を唱えたらどうなるか。たちまち終わりです。アメリカ政府は、ベトナム以降ずっとその状態が元に戻るのを待っていたはずです。九・一一の際は、これでアメリカ人も憤激して立ち上がるだろう、進んで戦争にも行くだろうと考えたでしょう。しかし、確かにそういう兆しも見えましたが、すぐに消えた。アメリカ人も、もう自由のために、などと言って戦争に行って死んだりはしないのです。今後の戦争は、傭兵のような戦争のプロ、ドローンのようなロボットが行うようになるでしょう。

もはや国民は戦争には参加できないのです。これが現在の戦争の現実です。

憲法九条がある日本だけではなく、一定の独立を達成した国では、戦争で進んで死ぬということは無理だと思います。確かに、独立を実現するまでは、多くの人々は命を賭けて戦うでしょう。が、独立した後、他の国民を攻撃するような戦争には無理がある。国家がどう言おうと、人々が進んで戦争に行くことはありえない。

現在の政権が本気で戦争をする気があるなら、たんに憲法の解釈を変えるのではなく、九条そのものを変えるべきです。むろん、それはできない。変えようとする政権や政党のほうが壊滅します。それは、戦争を拒否する無意識の「超自我」が存在するからです。憲法九条はいわば「虎の尾」です。いまの政権は、これを踏んでしまったのではないですか。

もし戦後の精神があるとしたら、それは戦後憲法に集約されるものです。たとえば、集会・デモの自由は戦後憲法によって保障されたものです。私は一九六〇年の安保闘争に参加していたのですが、その当時、デモは普通の行為でした。ですが、一九七〇年以降に普通の人がデモに行くことができなくなってしまった。デモに対する懐疑も強くなりました。「デモで社会が変わるのか」と。私はその考えを変えたいと思っていたのですが、震災と原発事故の後にそうした状況が出てきました。確かに「デモで社会は変わる」のです。なぜならば「人が普通にデモをする社会」に変わるのですから。

いま、国会周辺では毎日のように集会があります。いつ行っても誰かがいます。それは全国でも同様でしょう。原発事故以来、こういう下地ができていたのです。その上で、いまの政権は解釈改憲を強行した。大きなデモが起こるのは当然です。今日の状況が一挙にできたわけではありません。

ただ心配なのは、確かに戦争の危機が強まっていることです。いまは〈戦前〉である、と私は一九九〇年代から書いていました。現代は帝国主義的な時代であり、たとえば、一〇〇年前、第一次大戦のときのように、最初はオーストリアとセルビアのいざこざ程度の紛争が、四年もつづく世界戦争になってしまったのと同じことが起きる可能性がある。同盟関係というものが、大規模な戦争を引き起こしたのです。いまの政権は、同盟関係によって戦争は抑止できると言っていますが、同盟関係の連鎖は恐ろしいものです。世界戦争が起きるとしたら、それによって起こる、と私は考えています。

戦後七〇年となったいま、何か新たな理想が必要でしょうか。不要です。必要なのは、憲法九条という理想を本当に実行することです。いうまでもないですが、現状は九条に反しています。米軍基地が各地にあり、自衛隊には莫大な国家予算がついている。憲法九条の文言を素直に読めば、こんなことがありうるわけがないのです。

この九条を文字通り実行すること、それはたんに日本人の理想ではありません。それは、カントが人類史の到達点とみなした「世界共和国」にいたる第一歩です。もちろん、これは日本一国ではできません。九条も、憲法前文に書かれているように、戦後に成立した国連を前提としているのであって、一国主義ではありません。

現在、国連は機能しなくなっています。戦争を阻止する力をもたない。このような国連を変えるためには、何か新たな行動が必要です。日本人にそれができるかもしれません。たとえば、日本が今後憲法九条を実行するということを、国連で宣言するだけで、状況は決定的に変わります。憲法九条は自衛権のたんなる放棄ではなく、「贈与」なのです。そして、贈与にお返しを強いる力がある。その力はどんな軍事力や金の力よりも強いものです。

（二〇一五年八月六日談話）

からたに・こうじん 一九四一年生。哲学者。『トランスクリティーク』『世界史の構造』ほか。

柄谷行人

戦後民主主義に不都合でもありますか?

石川 好

「戦後」。この言葉というより「文字」は、政治を経済を文学を教育を、つまりは日本において何事かを語ろうとするとき、枕詞いや枕文字として多用され続けている。

例を挙げれば戦後民主主義、戦後体制、戦後教育、戦後日本、戦後……等々、いくらでも出てくる。

戦争に敗北し七〇年も経ったのに、日本の言論界にも政界にも教育界にも文学の世界にも、この文字が消えることは無い。この文字が存続するのは私たちがよほど自由と繁栄が楽しめる「戦後」が好きなのか、あるいは「戦後」が永遠に続くことであの悲惨な「戦中」を回避しようとする無意識がそうさせているからなのだろうか?

世には『永続敗戦論』なる書物まで現れる一方、政治の世界では戦後レジームからの脱却、戦後体制の総決算等々のスローガンが根強い今日、一度はよくよく考えてみる必要がある。「戦後」

という言葉が生き延びているのはあの悲惨な戦争だけはまっぴらだ、という強い嫌戦感情が最大の理由かと思われる。憲法が施行された年に生まれた私は、子供のころより、大人たちの強い嫌戦感情の中で育った。というのも「先の大戦」という奇妙な名で呼ばれる戦争そのものが、一体全体何のための戦争であったのか理由が国民一般にはいまだに理解されていないからだ。私の近所の大人たちは常にそういっていた。日本本土が中国によって侵略されたわけでもないのに一九三一年に満州事変。そして一九四一年に始まった米英等との太平洋戦争。さらには一九四五年、突如として始まるソ連との戦争。これらの三つの戦争は、性格が全く異なるわけだが、日本人は訳もわからずこれに巻き込まれる。当時の政府及び軍部は自存自衛のためのアジア解放戦争であると言い、相手国は日本ファシズムとの戦争と名付ける。

主たる相手であった中国は抗日戦争と名付けアメリカは太平洋戦争というが、日本は一九四一年一二月の日米開戦時にこれまで中国大陸で起こっていた満州事変や上海事変等にも遡って「大東亜戦争」と名付ける閣議決定をしている。

要するに日本は何だか分からない戦争を始め、あるいは巻き込まれ悲惨な結末を迎えたのである。こんな複雑な戦争をしてしまえば、しかも焼け野原となった国土の中で、日本国民の中で戦争を総括する気力が湧くはずもない。

そこに占領軍指導の下に「民主主義」と「平和憲法」が持ち込まれれば嫌戦感情に満ち満ちて

いた日本国民がこれを喜んで受け入れるのは当然ではないか。すなわち、日本人は何が何だか分からないまま一五年近い戦争に巻き込まれ、これが終わると日本人が望んだわけでもないのに占領軍主導の下に平和憲法と民主主義がセットになった「戦後」という時代を生きることになったのだ。

その結果民主主義ではなく「戦後民主主義」。憲法ではなく「戦後憲法」。といったように、「戦後」を冠した日米合作による特殊な「民主主義」と「憲法」の成立となるのである。

では「戦後」民主主義とは何か。それは、憲法九条の不戦条項を守り抜くことである。憲法九条があっての「戦後憲法」である限り、この九条を守りきることが、戦後民主主義なのである。「戦後民主主義」や「戦後憲法」「戦後教育」等々に冠せられた「戦後」という言葉が嫌いなら、政府は正面から九条をすてる憲法改正案を国会に提出し、国民投票にかけるべきである。私見を述べれば、国民投票においては間違いなく否定されると思われる。なぜなら「戦後」という時代が継続されることにより、戦前と戦中が回避されるからである。憲法違反だと言われる集団的自衛権の一部を解禁した先般の安保法制の成立ではあるが、ここにおいても損傷をこうむりながら憲法九条はギリギリ守られている。九条は存在感を増しているのである。それを守っているのが、戦後民主主義になじんだ日本民衆の嫌戦意識なのではないのか。

民主主義とは国民による抵抗権の別名である。「戦後」を冠した日本の民主主義とは傷だらけになりつつあるとはいえ敗戦の結果誕生した九条を守り抜く抵抗意識そのものだと思われる。

「戦後民主主義」「戦後憲法」で何か不都合なことでもありますか？ と覚悟を決めれば良いのである。

それがあの戦争を体験した日本人の生き方だと思われる。

永続敗戦論ではなく継続戦後論を強化することで、くり返すが、戦前から戦中への道を回避できるからだ。

いしかわ・よしみ　一九四七年生。作家、評論家。『ストロベリー・ロード』『南海の稲妻　大和の虹』ほか。

民主主義の癖

津島佑子

私は一九四七年の早生まれで、学年は四六年になります。一九四五年はまだ男性が復員していないから子供の数自体が少ない。そして四七年はもう団塊の世代で、四六年の学年は、その狭間にある「戦後の初めの年」なのです。

小学校では「民主主義とは多数決の原理と少数意見の尊重」と教えられました。「矛盾するじゃないか、どう解決すればいいの？」と困惑しましたが、それには話し合いしかないのだと、学級会で実践するわけです。誰かが動議を出して、それをみんなで一時間、ワイワイ議論し続ける。結論が出ないこともある、でもそうやってああでもないこうでもないと話すことが大事なのだと、子供でもわかっていたように思います。

もう一つ繰り返し教えられたのは、ひとの意見に頼るな、とにかく自分で考えるんだということです。今考えると、私たちは民主主義原理主義世代と言えるのかもしれません。そして、そうやって教えられたことを、その後もけっこう忠実に守り続けたなと感じます。

中学からは私立の女子校に行きました。私のように中学から入った生徒が全体の三分の一ほどいましたが、みんな小学校では同じような教育を受けていたと思います。小学校の先生は、男性はほとんど戦地帰りで、女の先生も引揚者だから、戦争の体験談が渦巻いている、そんな環境でした。

女子校に入学してみたら、ミッションスクールだからか、バザーだけで文化祭がないのです。がっかりして、やはり外から入学した友達と話し合って、「学校で文化祭がないってつまらないよね。運動会と展覧会はやってほしいよね」と、学校に談判して、中学二年から運動会と文化祭を実現しました。学校も案外言うことを聞いてくれるものだ、とその成功体験に味を占めて、いろいろ調べてみると、どうもよその学校には生徒会というものがあるらしいと気がつきました。

女子校なので服装検査や荷物検査が厳しかったのですが、それも生徒会の風紀委員会がやるのだったらまだ納得できる。でも、学校当局が一方的にやるのは承服できない、生徒会を作らせてほしいとふたたび仲間たちと学校に談判しました。これも不思議にすんなり受け入れてもらえました。

高校一年で準備委員会をつくって、近くの都立高校に生徒会とはどんなものか勉強しに行ったりして、演説会をやって、手探りで会長選挙をやりました。高校二年からいよいよ生徒会がスタートです。面白がってやっていただけなのですが、その時はずいぶん興奮して、放送委員会や風紀委員会や、何が必要か自分たちで考えて、組織を作っていきました。これも私一人が跳ね上がりで学校に反抗していたのではなく、仲間がいて、生徒たちの要求をとりまとめて学校と相談する組織がほしいという思いから、みんなで動いたのです。物足りないと思ったら自分たちで動かなければ誰も与えてはくれない、それが小学校の頃から教わった、私たちなりの民主主義でした。

そういう「民主主義の癖」がついているから、子供が生まれて保育園に預けた時、今度は父母の会をつくりたいとお母さん同士で話し合って、園長先生にも趣旨を説明して、実現させました。私たちの時代はまだ世の中に不備が多かったから自分たちも動いたし、これから本格的に変わっていくだろうと思っていた。ところが社会はいつの間にかとても保守化していて、あとが続きませんでした。戦後民主主義の始まりの恩恵を受けて、去年よりも今年、今年よりもさらに来年と、経済がよくなっていくのが当然という高度成長時代に生きた私たちの世代は、どこかで勘違いしてしまったのかもしれません。

同じ世代でも女性と男性とでは全く違います。「民主主義」と同じく、さかんに言われていたのが、「男女同権」という言葉でした。小学校ではまだ現実の厳しさを知らないから、素直に「そうか、これからは男女同権なのか」と思いました。私は母の方針で女子校に行くことになったのですが、「この時代に女子校に行くのか」という敗北感がありました。ところがその後、女子大から共学の大学院に行ったら、お茶を用意するのは女子学生で、男子学生は動かない。就職したら今度は女性にはお茶当番があって、朝一〇分早く出社しろという。学生時代はずっと女子だけの環境だったから、逆に差別もストレスもなかったことになります。私の生まれた一九四六年は戦後初の総選挙、婦人参政権の年です。確かに「男女同権」と言われ、参政権も得たけれど、社会の本質はなかなか変わらなかったのです。

そして今私は、3・11以降の日本社会、そして原発再稼働や安保法制をめぐる国会の様子を見ていて、日本はほんとうに民主主義を自分のものにできていたのだろうか、結局日本の近代化は失敗したのではないかと思わざるを得なくなっています。

3・11の後、作家の役割について考えた時にD・H・ロレンスのことを思い出していました。ロレンスは産業革命に強く反対して、それに対抗するための恋愛、性愛を持ち出してきたわけですが、イギリスの作家はそのように機械文明にノーを突きつけ、近代産業が人間にとって単にいいだけのものだとは捉えませんでした。ところが日本は技術を無理やり導入して富国強兵に突き進んで、いちばん大事な哲学を置き去りにしてきたのではないでしょうか。

民主主義の根幹には、どんな人間にも人権というものがあり、それを尊重するという考え方があります。それに基づいて、死刑や教育など、全てについて近世とは違う方法を考えていくのが「近代」ではないのか。人権という考え方を理解しなかったら、近代小説も読むに値しないものになってしまいます。民主主義教育の中で「一人ひとりの意見の尊重」に触れた時、私のような子供でもワクワクするような思いがしました。女性も少数者も一緒に一生懸命みんなで世の中をよくしていこうという考え方、その希望がしかし踏みにじられるような経験が、今また積み重なっています。結局日本では、機械が回っていれば近代なんだ、としか捉えられなかったのかもしれません。

一九六四年の東京五輪の時は高校三年生でしたが、どんどん突貫工事が始まって、日本橋の真上に醜い高速道路が作られるのを見て、なぜ東京を踏みにじるようなことをするんだろう、と憤死しそうに腹が立ちました。千駄ケ谷駅近くの高架下や水道橋の辺りに、ゴミを収集して生業を立てる人たちが台車を並べていたのですが、オリンピックで駆逐されどこかへ追い払われてしまいました。「平和の祭典」と言いますが、これは商業主義であって民主主義でも何でもありません。当時はベトナム戦争のさなかで、一九六三年にはケネディ大統領が暗殺されています。そんな時にオリンピックで浮かれることへの強い違和感があったうえに、続くメキシコ五輪では直前に治安部隊が反政府集会に襲いかかって約三〇〇人以上を虐殺し、何もなかったかのようにオリンピックが開催されたことを後に知って、一層オリンピックなどに誰が踊らされるものかと思うようになりました。

こうした事態にぶつかってはそのたびに考えさせられてきた。私のような者でもいろいろ物を考える機会を与えられていること自体、民主主義的になったとは言えるのかもしれません。これでいいと思って手綱を緩めると、途端に社会はおかしくなってくる。自分でいちいち考え、決めていくことは面倒で、人に委ねてしまうのはやはり心地よいものです。では、自分の運命を他人に託していいのか。私はそれはやはりいやだと思うのです。

誰かが作ってくれたシステムを消費するのではなく、自分が民主主義のアクターとなる――、ほんとうに「不断の努力」が必要なのだと思います。

つしま・ゆうこ　一九四七年生。作家。『笑いオオカミ』『火の山―山猿記』『ヤマネコ・ドーム』ほか。

「戦争のない七〇年」を次にどう手渡すか

宮崎　学

私は一九四五年生まれで、まさに私の生涯は戦後日本と歩んできた七〇年です。振り返れば、明治以降ずっと戦争をし続けてきた日本近現代史の中で、朝鮮戦争、ベトナム戦争があった事実を踏まえた上でなお、この「戦争のなかった七〇年」は、異常な時代だと言うことができるかもしれません。ここから次も「戦争のない七〇年」を作らなければならない、それが、戦争のない七〇年を生きさせてもらった者の、人間としての最低限の責務だと思います。

その戦後七〇年の二〇一五年夏、安倍政権は戦争法制を成立させました。痛感するのは、安倍首相始めいま戦争法制を作っている人々はケンカも知らない戦争おたくで、日本の民族主義を理解していないということです。戦前の日本では大和民族の民族主義が勃興してアジアへと侵略したわけですが、良きにつけ悪しきにつけ日本人としての自覚があった。戦後の日本は、右も左もアメリカとの関係の中で、「日本人とは何か」という民族主義に向き合いながら考えていかねばならないはずなのに、そこがすっぽり抜けている。

ところが、一方の柱である国家主義については過剰なまでに国家主義的という、ねじれた精神状態にあるように感じます。そのねじれは沖縄問題に端的に現れています。沖縄の人々は、国籍は同じ日本であり、かつて「日本人」たらんとして沖縄地上戦という非常に大きな犠牲を払った、その沖縄の痛みがまったくわかっていません。

この七〇年、この国家主義と民族主義、言い換えれば国家と社会とでは、圧倒的に国家の強さが優ってきました。体制とそれに抗う側では、ずっと抗う側が負けてきた歴史があります。私はなぜか、物心ついた頃から常に抗う側にいたのですが、今思うのは、ある考えを持っていてそれを貫こうとする人間にとって重要なのは、その考え自体の整合性よりも、どれだけ感動的な場面に出会ったかが決め手だということです。

個人的な体験ですが、労働組合もない小さな会社で、突然不当解雇された人がいました。一人で訴訟を起こし、チラシを配ったりしていたのですが、この人は私の著作の愛読者で、手紙を寄こしたことから応援することになりました。弁護士や労組を紹介して、結局裁判に勝って解雇撤回となり、復職できることになったのですが、彼は戻りたくないと言いました。でもそれは今まで闘ったことと矛盾するし、応援してくれた人にも申し訳ないと。しかし私はそれでいいと思い、みんなにも了解してくれと話しました。

侃々諤々（かんかんがくがく）の議論の末、当人の意見を尊重するべきだということと、権利というものは闘って守っていかないといつ剝がれていくかわからない、それが民主主義であり、彼は民主主義を守ったのだからそれで十分だ、ということになりました。

そして、復職しない以上、次の職場を探さねばなりませんが、労働訴訟を起こした人間はなかなか再就職できません。それでも彼は履歴書にウソは書かず、結局小さな町工場に就職しました。それまでスーツを着ていた人が菜っぱ服を着て、やったこともない作業をやって、それでも元気に一所懸命に働いて、その工場のリーダーになっていったのです。

これはごく小さなことですが、その姿に私は感動を覚えた。勝っても負けても、こうした個人として抗う人の姿が与える感動は、ほんとうに強いものだと思うのです。そういう姿をもう一度見たいな、その感動を味わいたいな、という積み重ねでここまで来たのかもしれません。

人が何かを懸けて抗う姿は、目に見えないし、意識もされないかもしれないけれど、実はそれを見ていた多くの人の中に何かを蒔いていると思います。大学の同級生が、何十年もたってから私たちが闘った早大闘争について話してきたことがあります。彼は闘争に加わっていませんでしたが、私たちを見ていて自分だっていろいろ考えてきた、というのです。社会的な運動が同時代に与えるものは実は少なくないのです。

また、自分自身の体験では、大手出版社の雑誌で契約の記者をやっていたとき劣悪な条件を改善するよう、記者会を作って闘争をしたことがあります。私は中心にいたので、「宮崎を落とせ」と会社側はあの手この手でやってくる。しかし、高邁な意識からではなく感情的なところで、いまさら体制に順応できるかという意地みたいなものがあって、なびくことはできなかった。みんなでがんばろうといってきた自分が抜けられるか、という「恥の文化」でこれまでやってきたのです。

食っていくためには意地を通さない方が楽に生きられる。でも、それは理屈や善悪ではなく個人の感性なのかもしれません。私の母は極貧の生まれで小学校も行けず、五〇歳を過ぎてから文字を覚えた人間ですが、私が土建業者との諍いで逮捕されたとき、ミミズの這ったような字で手紙をくれました。家のことは心配するなと書いた最後に、「余分なことはしゃべらないでいい」と書いてありました。労働運動や社会運動などまったく知らない土方のおかみさんで、職人たちが酒を飲んで暴れるような姿はよく見ていたのですが、人間として生きるときの直感というか、自分の息子が警察に捕まったとき、迎合してべらべらしゃべるような人間であってほしくないという思いがあったのでしょう。抗っていく人間としての私の原点は、そういう家庭に育ったことにあると思っています。

そして、戦争にしても原発にしても、「反対運動」の陥穽(かんせい)は、自分を「被害者」においてしまうことです。被害者側にいるのか加害者側にいるのか、私の七〇年は常にその葛藤でした。そのうえで、加害者であるという認識から出発しなければならないと思ってきました。

そう思えたのは自分が利己主義者だからです。自分の負の部分をあるがままに認識する、それは日本社会の課題かもしれません。日本社会にはどうしても長いものに巻かれるという心情があります。長く組織と集団をもって対抗してきて、デモも何千回とやってその都度負けてきて、今思うのは、個としてどう考えるのかというところまで下りていかないといけないということです。一人ひとりが死ぬまでギブアップしない、それこそが、次の七〇年を作っていくのだと思います。

みやざき・まなぶ　一九四五年生。作家。『突破者　戦後史の陰を駆け抜けた五〇年』『ヤクザと日本　近代の無頼』ほか。

官邸中枢の経験から

石原信雄

私は、一九二六(大正一五)年生まれで、一九四五(昭和二〇年)年一八歳の時終戦を迎え、それまでいわゆる〝戦前の教育〟を受けた。

戦後は、旧制高校を経て大学は法学部に入り、一変して、戦前の価値観を否定する〝戦後教育〟を受けた。

大学卒業後は旧地方自治庁(後に自治省)に入り、ライフワークとして地方自治の強化・充実に尽力し、その後内閣に入って国家統治の中枢にかかわる仕事をした。

今、八〇年余の人生を振り返り、「戦後民主主義」の重要性と有難さをしみじみ感じているところである。

言論の自由

「戦後民主主義」を支える最も重要な要素は、国民の思想、信条の自由が保障されることであり、これを担保するものが〝言論の自由〟であるといえる。

安保法制をめぐって、国会前で大規模なデモが整然と行われたことも、また、新聞各紙が安保法制をめぐって全く異なる論説を展開したことも必要なことであり、〝言論の自由〟は独裁政治の最大の防波堤である。

議会制民主主義

「戦後民主主義」実現の手段となるのが議会制民主主義であることはいうまでもないが、要は、時々の民意が正しく選挙結果に反映するような選挙制度となっているかである。

現在の小選挙区比例代表並立制は、金権政治の温床となった派閥政治を産み出した原因が中選挙区制にあるとの考えから、これを改めて実現されたものであるが、現在の小選挙区の候補者の選定方法では世襲議員が増えて有能な新人が出難いと思う。この現状を放置すれば、やがて日本の政治の劣化を招くこととなるのではないかと心配である。

私は、主要政党が有能な新人を候補者として選定できるシステムを実現して欲しいと願っている。現状のままならば、むしろ以前の中選挙区制の方が政治の活性化に向いていると思う。

参議院議員の選出方法については、現状は基本的に衆議院議員のそれと大差がなく、第二院としてのレゾンデートルが問われるケースが多い。この際、憲法を改正して、参議院のチェック機関としての性格を明確にして、議員選出方法も、例えば、地域代表、職業別代表、学問や芸術、文化等の分野別代表等を考えてはどうかと思う。

内閣制度

国権の最高機関である国会が選任する内閣総理大臣に閣僚の任免権を与え、その閣僚によって構成される内閣に行政権を帰属させている現行内閣制度は、「戦後民主主義」を守る上で良く出来ていると思う。

戦前の内閣制度においては、総理大臣に閣僚の任免権がなく、このことが軍部の独走を許し国民を戦争の惨禍に晒すこととなったことが想起される。

内閣制度を支える現行の公務員制度は、国民全体の奉仕者としての公務員の政治的中立を保障し、時の政権の指揮命令に従って全力で公務を遂行することを義務づけている点も評価できる。

戦前の一時期、政党による恣意的な幹部公務員人事が行われたり、また、軍部において若手将校による下剋上的な行動によって軍の統制が乱れたこともあったが、現在では全く考えられないことである。

外交政策

古来、外交政策として〝遠交近攻〟の策を良しとする考え方があるが、最近の経済の実態や軍事技術の飛躍的向上を考えると、わが国の外交政策としては、日米同盟を基軸としつつも、中国や韓国との関係改善に一層努力する必要がある。

私が在職した竹下内閣から村山内閣までの間は、おおむね日米関係と日中、日韓関係のバランスが取れていたと思う。

なお、アメリカは、中国の力による海外進出政策については断乎反対し、これを抑止する政策を取っているが、同時に、米中の全面的な対決は避けており、かつて、世界戦略上の見地からニクソン政権が電撃的な米中国交回復を実現したような外交戦略を展開する可能性があることも念頭に置く必要がある。

安全保障法制

私は、内閣在職中、湾岸戦争の際や北朝鮮の核開発問題で米側からの協力要請に応えられず苦慮した経験があり、また、最近における米中の力関係の変化を考えると、日本の平和と安全を守るためには、今国会で成立した安全保障法制による同盟国との協力範囲の拡大は必要と思う。

しかし、集団的自衛権の行使容認に関しては、政府はこれまで違憲との立場をとって来ただけに、ここで最高裁の砂川判決を根拠として、今次法案の要件の下では可能であるとの説明については、国民の理解を得るためのさらなる努力と工夫が必要と思う。

いしはら・のぶお　一九二六年生。元内閣官房副長官。一般財団法人地方自治研究機構会長。『首相官邸の決断——内閣官房副長官石原信雄の二六〇〇日』『新地方財政調整制度論』ほか。

偽装民主主義から脱却せよ

田中秀征

かねてから私は、戦後日本の統治構造(政治と行政の仕組)には致命的な欠陥があると考えてきた。制度や機構にも不完全なところが少なくないが、政権側がそれを恣意的に運用することに対して有効な対抗装置が備わっていないことが何よりの欠陥だ。

民主主義などの価値や理念が国家経営の〝中身〟であるとしたら、統治構造はその〝器〟だと言ってもよい。

統治構造の最大の欠陥は、チェック機能が有効に働かず言わば機能不全に陥っていることにある。かつての金融不祥事もそうだが、薬害事件、耐震偽装や原発事故など、行政がらみの多くの事件や事故の原因には、顕著な共通点がある。

それは、監視しチェックする側が厳格さを欠き任務を適正に果たさなかったことである。

福島原発事故直後の調査では、経産省から電力会社の役員への天下りが五〇人近くに及んでいた。退任後に天下りなどによって監視される側の世話を受けるなら監視や指導が甘くなるのは当然だ。いずれも実質的な主犯は行政だが、いつも他者に責任を押しつけて逃げきってきている。行政官僚はよく日本の民主主義を「成熟した民主主義」と讃える。「法の支配が貫かれている」とも強調する。

だがそれは、今のままの民主主義の有り様が自分たちにとって最も都合がよいからだ。省益含みの意向を思いのままに通すことができるからである。

民意軽視の官僚の暴走は、解釈改憲による集団的自衛権の行使容認と、それに基づくガイドライン、安保法制定の強行できわまっている。有権者も政治家も暴走車に蹴散らかされた印象を受けた。

私は国民の意向である〝民意〟に対して、省益に基づく官僚の意向を〝官意〟と言っている。長く政治や行政を見たり関わったりしてきて痛感するのは、今ほど官意が民意をないがしろにしている時代はなかったということだ。

形式的には各種選挙や審議会などで民主的手続きを踏んでいるように見えても、民意が政治を動かしているという実感は年々乏しくなっている。

戦後民主主義は形骸化しつつあり、偽装民主主義になりつつあると言われても仕方あるまい。

戦後的価値と言われる民主主義、平和主義、基本的人権などを日本国憲法によって与えられたと考えている人が多いが、必ずしもそうとは言えない。

敗戦後、多くの国民が悲惨な戦争を繰り返してはいけないと決意し、またそのためにも言論、表現の自由の大切さを思い知ったのである。それに一部の人に重要な政治決断を委ねたらひどいことになると学んだ。だから戦後的価値は大きな犠牲を払って体得したものだ。

そんな国民の反省心、意欲、志向に明確な枠組や方向を与えたのが戦後改革や憲法であったと私は理解している。器に合わせて中身がつくられたのではなく、中身があってそれにふさわしい器が用意されたと言うべきだろう。

終戦直後の民意、すなわち反省、決意、希望を将来にわたって防御する城郭が日本国憲法であった。

安倍晋三首相はこの器を「戦後レジーム」と表現し、それからの脱却を唱えてきた。器を代えることにより、戦後の民意を変えようとしているように見える。

だが、「国策の誤り」(村山談話)によって招かれた戦争と戦後の悲惨は、現在の日本人の民意の源流であることは変えようとしても変えることはできない。今それが薄らいでいるように見えても、いざというときには必ず原点に復帰するに違いない。

さて、われわれが今なすべきことは、冒頭で指摘した統治構造の欠陥を是正する事業に本気で取り組むことだ。それは法制度の改革を必ずしも必要としないこともある。チェック機能の怠慢を厳しく監視することがまず手始めの一歩だ。もしそれを行なっていたら金融不祥事も、原発事故も、そして今回の解釈改憲も未然に防ぐことができただろう。

最高裁に違憲立法審査権がなければ憲法違反の法律をチェックできない。政府の憲法解釈について最高裁に承認権がなければ政府の恣意的解釈を阻止できない。最高裁判事の任命権が政権にあり、内閣法制局長官の人事が政権の意のままなら憲法は無きに等しい。

戦後七〇年、少なくとも昭和時代には、法制度の不備は、民意を背景にした政治家や官僚の知恵と見識によって補正され、当初の理念に沿って慎重に運用されてきた。しかし、時代が経過するにつれて、その運用主体が互いに馴れ合って劣化の一途を辿ってきたのだろう。

民意を軽視した原発政策や安保政策。戦後民主主義がようやく真価を問われていると言ってよい。

たなか・しゅうせい　一九四〇年生。元衆議院議員、福山大学客員教授。新党さきがけを結成、経済企画庁長官などをつとめる。『時代を視る』『日本リベラルと石橋湛山』ほか。

民主主義と二一世紀市民層

川村　隆

私は一九六二年に社会に出て以来、日本の復興にいささかなりとも寄与することを念頭に働いてきた。そして、二〇〇〇年の歴史のある会社（製造業）の経営を担って、その再生を行ったことを最後に、企業経営から引退した。

企業の立場から考えても、戦後の民主主義、市場経済体制の下で、仕事ができたということは有難かった。そこで本稿では、民主主義と市場経済の相互補完体制と、グローバル体制下での今後の民主主義のあり方につき、私の考えを述べる。

まず翻って考えてみて、民主主義の基本形は何か？　基本形は、みんなに受け入れられる案を、充分な時間をかけて仕上げることであろう。全体最適で、かつ個人被害を最小化する案ができれば、参加者が充分納得し合意できる。したがって民主主義の基本は「熟議」にあり、「人権平等」

意識をどう形成できるかにある。まず多数決ありき、ではない。

一方、市場経済の基本形は、競争原理にある。人々は自分の判断にもとづく意思決定を競い合い、経済をそして社会を活性化し、持続的に成長させて行く。だから市場経済は、「競争優位」を旨とすると云ってもよい。ただ、市場経済には波動が避けられず、景気後退時には人々の不安は高まるのも自然である。これには、社会のセーフティネットを形成すること、たとえば、高所得者から低所得者への所得移転などを制度化して、人々の不安に対処することが行われてきた。これは民主主義の領域での意思決定であり、「人権平等」を意識して合意にもとづき行われるので実効性が高いのである。

つまり、「競争優位」を旨とする市場経済と、「人権平等」を旨とする民主主義とは、これまでずっと相互補完関係でやって来た。

今、ユーロ経済圏を脅かしているギリシャ債務危機問題は、この相互補完関係が危機に瀕していることの象徴のようでもある。国民は甘やかされて、「競争優位」からは程遠く暮らして来た歴史がある上に、今になって、急に市場原理が優先され、「人権平等」などの民主主義が等閑にされそうになり、大きな不満を抱えている。その一方で、指導者の側も政治的に未経験な急進左派連合などが登場し、将来に備えた構造改革を「競争優位」原理で上手に進められないという問題がある。つまりギリシャでは、市場経済側にも民主主義側にも問題があり、深刻なのだ。

私自身も、「競争優位」に関して、似たような体験をした。二〇〇八年度のグローバル金融危機により急速に劣化した自分の会社の再生に当たり、甘く暮らして来た事業部門には「競争優位」原理で構造改革に邁進せよと指示せざるを得なかったのである。本来「競争優位」で戦っていなければならなかった企業の中にも、甘い事業が混在可能だったということは驚きであったが、閉鎖的・日本的風土が色濃く残っていた分野においてはあり得ることだったのである。さらに今後の我が国全体としても、市場経済面ばかりではなく、「社会的負担を国民にどう分担させるか」などの民主主義面での多くの難題が控えていて、ギリシャ問題を対岸の火事とばかりはとらえられないのである。

今や、市場の量的質的な高度情報化や本格的なグローバル化は、市場経済の中身を急速に変化させている。そして企業などは苦労しながらもこの変化に何とか追随している。しかし、この市場経済の変化のスピードに、「熟議」を基本とする民主主義の方が追随できなくなりつつあるのである。相互補完関係にあるべき市場主義と民主主義とで、民主主義側の意思決定のスピードアップが必要とされる世の中になった、ということのようだ。

対策はどうするか？

社会的課題の解決のためには、国民が政策の「社会的負担」と「社会的利得」を充分に理解し、声高の賛成・反対・一筋派の主張に左右されることなく、意思決定ができるよう、普段から「熟議」しておく場を用意する必要があろう。

普通の市民の中に、自分自身の生き方を主体的に選べる人であって、社会活動にも参画でき、政治的にも責任ある判断のできる層を出現させ、育成しておくことが大切だ。積極的な中間層、あるいは二一世紀型市民層とも呼ぶべき層である。その層の中では、常日頃から、「熟議」により、社会的課題への理解や合意形成を図っておくのだ。おそらく「社会的負担の分かち合い」に関することが普段の議論では中心話題になるのだろう。

このタウンホールミーティングとも呼ぶべきものは、たとえば街のスポーツ倶楽部の仲間同士とか趣味の集いとか若い人々の経営勉強会などを中核として作られる。全国に広く分布し、インターネットなどを介して他グループと接触することにより、議論の中身も広汎で深みがあり多様性を帯びたものとなるはずだ。基本は、旧来から見られる「街の政治談議」「床屋政談」の高度化、多様化、組織化、ネットワーク化、二一世紀型化である。

この全国型タウンホールミーティング・ネットワークからの提言により、国や自治体の議会は、厚い中間層の「熟議」の結果を入手でき、民主主義の基本を守りながら、急速変化の市場経済主義との相互補完関係を保ち得る。いたずらに多数決による少数意見の切捨てに走ることなく、また、メディアが行う不完全な「世論調査」や、賛成・反対・一筋派の声高の偏った議論に左右されることなく、成熟した結論を得ることができよう。

かわむら・たかし 一九三九年生。日立製作所会長兼社長、経団連副会長などを経て、現在、日立製作所相談役。著書に『ザ・ラストマン――日立グループのV字回復を導いた「やり抜く力」』など。

内田家の家族会議と児童会

内田　樹

「戦後民主主義」というと子ども時代の二つのエピソードを思い出す。

一つは内田家の「家族会議」のことである。私が小学校低学年だった頃、ある日の夕食の席で父親が「来週から家族会議というものを開催する。これから家の中のことは民主的な議論によって決定する」と宣言した。そして、実際に翌週から毎週水曜の夕食後に片付けの終わったちゃぶ台を囲んで家族会議が開かれた。父親が議長、母親が書記、兄と私が議員という構成であった。議題は「朝の犬の散歩の担当者」とか「来週の日曜のハイキングの行き先」とかごく微温的なものだった。この「家族会議」というアイディアはおそらく父親が本で読んだか、人から聞いたかして仕込んできた外来の知見だったのだろう。家族会議自体は一年ほど続いた後に自然消滅した。議長・書記・議員それぞれの名前を父親が筆で書いた板きれがしばらく壁にかけられたままだったが、それもいつのまに取り外されて、日焼けした壁に少しだけ白いところが残された。名札が可動式だったのは、幼い息子たちがいずれ議長や書記ができるまでに市民的成熟を遂げることを父親が（むなしく）期待していたからだろう。

私は戦中派の父親が戦後民主主義に託したこの楽観を（そのときの父親の年齢をはるかに超えた今になって見ると）可憐だと思う。父親も母親も戦前の家庭教育で育った。民主的な家庭というものを彼らは見たことがない。彼らが知っていたのは、抑圧的な父権制だけであった。そして、家父長以外の全員が強権の下に屈服させられた家族制度そのものが日本の敗戦の主因だと父はたぶん考えていた。だから、それに代わるものを必死で求めていたのである。

「戦後民主主義的なシステム」とはどういうものか、彼には漠たるイメージだけしかなかった。それはとりあえず集団構成員のうち一番柔弱なもの、一番幼いものへの気づかいと、彼らへの気前のよい権限委譲ということだった。私は父のこの確信に今でも控えめな同意の一票を投じることができる。

二つめの思い出も制度にかかわるものだ。小学校六年生のとき児童会の議長になった。各クラスの学級委員たちが集まって全校的な行事について議するのである。戦後一七年目のことだった。私に今言えるのは、その時点では、民主的な制度は形式的には存在したが子どもたちはそれを機能的に運営するノウハウを身につけていなかったということである。すべてを合議と対話によって決定してゆくという仕組みだけはあったが、その仕組みをどう活用して、なにごとをなすべきなのかを子どもたちは知らなかった。

私が議長になってしばらくして議題に取り上げたのは「児童会の運営」についてだった。一二歳の私は「議事法」というものがこの世にあることを知らなかった。だから、議案に対して「問題はそういうことじゃなくて……」と誰かがレベルの違う話をかぶせてきたときに、それを議案に対する「動議」として処理し採決するというルールがあることを知らなかった。議事法を知らない議長が主宰する会議というのは、それぞれ種別の違う複数の私見が混在して、そのうちにいったい自分たちが何を審議しているのかわからなくなるカオスである。たぶん、五〇年代、六〇年代の日本中の小学校や中学校では至るところでそういうカオスが渦巻いていたのだろうと思う。

だから私が議長として「児童会の運営にはある種のルールがなければならない」と思っていたのは直感的には正しかった。だが、私はそれに固執しすぎた。毎週児童会のたびにその議題を提起し、やがて児童会は「児童会はいかにあるべきか」を論ずる神学論争的な場となってしまった。久しく顧問として黙って腕組みをして臨席していた男性教師は、ある日議長である私を一喝して「児童会の進め方はもういいから、具体的な議案の審議に入りなさい。何のために児童会があると思っているんだ」と叱った。もっともだと思う。けれども、その一喝に私は何か「理不尽」なものを感じた(だから半世紀経っても覚えているのである)。

私たちは間違いなく「戦後民主主義世代」である。だが、私たちの親や教師は全員が戦前の家庭や学校や組織で育った人たちであり、民主的組織の管理運営のノウハウを身につける機会がなく、民主主義の利点やリスクについて経験的に何も知らなかった。子どもたちは民主主義という制度をどう運営してよいのかについて基礎的な技術を教わらないまま、できあいの制度の中に放り込まれた。そのような環境に置かれた子どもたちが、その制度から豊かな果実を取り出せるようになるというのは可能性の低い見通しだったと思う(現に、私たちの世代が長じて最初に作り出した学生運動の政治組織はまったく戦後民主主義的に牧歌的なものではなかった)。

日本の戦後民主主義は夢と理念はあったが、それを実現させるための技術知の裏づけを欠いていた。今私たちの目の前で起きているのは、その歴史的事実の一つの「帰結」なのだと思う。

うちだ・たつる 一九五〇年生。思想家。『困難な成熟』『私家版・ユダヤ文化論』ほか。

V

寺島実郎
髙樹のぶ子
江田五月
三谷太一郎
中村 哲
糸数慶子
姜 尚中

「与えられた民主主義」を超えて

寺島実郎

敗戦後の昭和二二年から二五年に生まれた世代を「団塊の世代」という。この世代こそ戦後民主主義の申し子である。黒く塗りつぶした軍国教育の教科書を用いていた敗戦直後の混迷した教育現場が、一九五〇年代に入って少しずつ落ち着き「戦後民主教育」が姿を見せた頃、小学校に通い始め、日本人として初めて民主教育を受けて育った世代なのである。私自身、一九四七（昭和二二）年生まれで、小中学校時代、教師たちが戦後民主主義への適応に格闘していた思い出がある。

札幌の小学校五年生の時、炭鉱街からの転校生だった私が、唐突に生徒会長選挙に立たされることになった。奇妙なほど本格的な選挙運動がなされ、タスキをかけて三年生以上のクラスを回って支持を訴え、全校集会での立会演説会が行われた。教師たちが当選を期待していた本命候補を破り、なぜか私が当選、その後、札幌市こども議会の議長にもなり、市議会の議場で模擬議会の議事運営を行い、当時の教師たちの本音に触れる機会となった。学校の委員、クラス委員になっても、委員バッジは付けさせない。「特権意識を持たせないため」との説明だった。さすがに、「運動会で一等・二等の順位はつけない」ということはなかったが、「平等主義」の徹底が民主教育だとする風潮は存在した。

人口が塊になっていたため、団塊の世代が通過する時、軋みが社会問題として噴出した。「七〇年安保」を巡る「全共闘運動」も、この世代が学生として主導した運動であった。

計算も展望もない未熟な「全否定」を叫ぶ学園内の運動にすぎなかったが、私は早稲田大学の一般学生として「全共闘運動」と正面から向き合い、一年間にわたる学園封鎖を体験した。社会党系の社青同、共産党系の民青など大人が指導する政治運動や小田実のベ平連(ベトナムに平和を!市民連合)、ノンセクトラジカルなど、様々な活動家が入り乱れていた。

「左翼黄金時代」のキャンパスでは、私は「右翼秩序派」とされたが、機動隊導入で先輩・友人たちが就職活動に去って行っても、少数の仲間で「大学変革・社会変革」の活動を続けた思い出がある。その後、様々な現場を生きてきた友人たちも高齢者にさしかかったわけだが、結局、あの全共闘運動の時どうしていたのかが、それぞれの人生に投影されているという思いが強い。器用に逃げていた者はどこまでも逃げ続ける人生を辿り、逃げずに本質を見つめる者は、一隅を照らし自前の人生を持ち堪えている。

二〇一五年秋、早稲田大学のホームカミングデーで話をする機会があり、その夜、学部卒業時のクラス会が行われた。久々に旧友の話を聞くと、二十数人のうち、少なくとも四人がそれぞれの思いで、二〇一五年夏の安保法制を巡るデモに参加したという。

団塊の世代が就職し、社会参加し始めた一九七〇年前後は高度成長期で、幸運にも就職の扉は開かれていた。つまり、右肩上がりの時代に企業戦士となったこの世代には「真っ赤なリンゴ」という言葉が囁かれた。「丸山眞男とマルクスの結婚で、表面はアカ(左翼)がかっているが一皮剝けば真っ白だ」というジョークである。その後、バブル期に中間管理職として組織を支える役割を演じ、「ウチの会社」意識の担い手に変質していった。

このことは拙著『脳力のレッスンⅣ リベラル再生の基軸』(岩波書店、二〇一四年)で書いたが、実は、民主党政権の失敗は「団塊の世代の失敗」でもあった。鳩山由紀夫、菅直人、仙谷由人をはじめ、二〇〇九年から三年間の民主党政権には、一五人以上の団塊の世代が大臣・副大臣・党三役として参画した。団塊の世代の特色でもあり、この世代を先頭とする戦後日本人が身につけた、強靱な価値基軸を持たない者の危い変容性がこの政権の迷走の要因であった。

タテマエとしての理想主義への傾斜、そして要領のよい現実主義への反転。入口の議論では「故郷は地球村」「コンクリートからヒトへ」といった美しいキャッチコピーが好きで、複雑で厳しい現実に直面するとあえなく変容する。結局、沖縄基地問題から原発問題まで、あきれるほど無責任な変容を我々は目撃することになった。

残念なことに、団塊の世代は戦後日本人の先頭世代としての責任をまだ果たしていない。仮性成熟の世代というべきで、キレイごとの世界を脱して何を成し遂げるかの覚悟ができていないのである。フォークソング、グループサウンズ、ニューミュージックに滲み出る世界観、つまり「優しさの世代」として身につけたものが、私生活主義の独り言で終わるのか。シルバー・デモクラシーという言葉が重みを増し、投票人口の六割を高齢者が占めるという時代に向けて、戦後民主主義の責任世代としてどう折り合いをつけるのか。団塊の世代は、自ら解答を出さねばならない。

また、戦後の残滓というべき課題、安全保障、原発、沖縄基地などの問題を突き詰めるならば、結局のところ米国との関係であり、反米・嫌米の次元を超えて、真剣に日米戦略対話を進める決意と構想が求められる。対米関係の再設計なくしては日本の新しい時代は開かれないのである。

我々は今、日本における民主主義の歴史の中で、戦後民主主義の意味を踏み固め、その進化を図るべき局面にある。

「戦前」といわれた日本にも、それなりの民主化への前進が見られた。明治期の自由民権運動や大正デモクラシーも一定の意義を持ちえたが、国権主義的枠組みの中での限定的国民参加であった。

戦後民主主義は「与えられた民主主義」という限界を内包しながらも、婦人参政権の実現、二〇歳からの若者への投票権の拡大を柱とする、民主化への前進という意味があることを確認すべきである。

戦後民主主義に疑問を抱く人たちの本音には、戦後民主主義は悪平等をもたらしたという論点がある。「女子供」が衆愚政治を増幅させているという蔑民意識が見え隠れする。つまり、「より多くの国民」の意思決定への参画を快く思っていないのである。それ故に、常に多数派を偽装した選民による意思決定への誘惑が生じる。いうまでもなく、民主主義とは「多数派の支配と少数派の擁護」である。問題はその「多数派」の正当性であり、民主主義を志向する者にとって、現下の日本の政治は正当性を喪失しつつある。

戦後七〇年を経て、戦後民主主義と並走してきた日本人の本音は、普遍的価値としての「民主主義」など存在するのかという冷ややかな心理である。代議制民主主義が機能せず、空疎な職業政治家の巣窟となっているという現実、さらに、「プロレタリア独裁」を正当化する社会主義体制は冷戦の終焉とともに色褪せ、共産党一党支配の下での中国の「人民共和国」体制にも共感できない中で、我々はどのような民主主義を目指すべきなのか。

戦後民主主義は確かに与えられた民主主義かもしれないが、今その真価が根付くか否かの試練の時を迎えている。安保法制から憲法改正に至る「国権主義的国家再編」と「軍事力優位の国家への回帰」を試みる勢力という明確な敵に対峙しているからである。「民主主義への不断の努力」

が求められるその時なのである。戦後日本という過程を生きた者が、後世に何を引き継ぐのかが問われている。

てらしま・じつろう　一九四七年生。一般財団法人日本総合研究所理事長、多摩大学学長。著書に『われら戦後世代の「坂の上の雲」』『脳力のレッスン』(Ⅰ〜Ⅳ)、『世界を知る力　日本創生編』ほか。

憲法は国の大黒柱

髙樹のぶ子

一連の安保法案の成立過程で、深い失望を覚えると同時に、日本人が自国の将来について真剣に考え始めた兆しも見えてきて、複雑な心境だ。

若い人は「世界と日本のせめぎ合い」について、これまであまりに無頓着に見えた。しかし中国の台頭が著しく、「このままではマズい、日本の平和や繁栄が侵される」となぜか思い始めた。実際に「侵される」という危機感を覚える以前に、じりじりと焦慮のようなものが蔓延し始め、メディアもそれを煽ったため、日本についてあまり深く考えて来なかった若者たちの中で、この焦慮や恐怖はさらに大きくなっていった気がする。

確かに東シナ海での中国漁船の横行や反日デモの凄まじさは生理的な恐怖を与えたし、理不尽な暴力として日本人の目に映った。その根本には、共産主義への潜在的な恐怖がある。二〇世紀に世界が克服したはずの体制が未だに生き残り、巨大な力を発揮して自由主義世界に進出しようとしているように見えた。ソ連や東欧で見られた恐怖政治が、アジアの大国で生き続けているかのように、気味悪く眺める視線があった。

あの国はやがて日本を呑み込むのではないか。沖縄を奪われるのではないか。アメリカはそのとき頼りにならず、太平洋を挟む大国により日本は分断されるかも知れない。警戒心が深層心理を支配し、いわゆる中国嫌いを増加させた。

こうした現象は、中国がとった政治手法の誤りと稚拙さから来ている。一見中国は思うまま振る舞っているように見えるが、結果として日米の連携を強め、尖閣諸島の防衛は日米安保の対象となることをはっきりさせてしまった。これは安倍政権下ではなく、民主党の時代に前原さんとクリントンさんとのハワイ会談で明らかにされた。つまり、中国が考えていたこととは真反対の結果を生んでしまったのだ。

中国の立場に立って見ると、どうも計算が合わない成り行き。こんなはずではなかった、ということが続いている。何か根本のところで、中国はやり方を間違えている。国内をまとめる強引さが、他国にも通じると考えているのだろうか。共産主義は、強権から崩壊へと向かうのは歴史が証明している。崩壊を防ぐために強権を使うと、巨大な樽を締め付けるタガで、経済的に脆弱になった樽自体が壊れるのに似ている。おまけに東欧革命やソ連崩壊の頃とは比べものにならないほど、情報は国内の津々浦々に入り込んでいて、到底都合良く遮蔽などできない。

それでも巨大な約一三億人を束ねていくには、水が零れる穴をその都度塞ぐしかないのだろう。

こうした実態を見ていると、日本人に浸透している中国への潜在的恐怖心が、合理性を欠いた(ということは戦略に結びつかない)泡のようなものに感じられる。憎悪が泡のように湧いてくるのだ。

そしてそれ以上に情けないのは、この憎悪と恐怖を利用して、安倍政権が憲法を無化したことだ。憲法学者が口を揃えて違憲だと言うのを無視して、根拠ともならない砂川判決を引き合いに、憲法解釈の変更を強引に押し通した。国民を馬鹿にしている。

自衛隊員はこれまでより安全になる、という説明が繰り返されるたび、これはもう、日本人の判断能力を子供並みに扱っているのだと感じた。つまり、これまでより危険になる、と言ったとたん、駄々っ子がすべてをぶち壊してしまうと考えているのだ。政権は「自衛隊員はこれまでより危険になるけれど、それでもこの変更が必要なのだ」と説明する力が無いし、その気もないのである。

国民が求めているのは、きちんとマイナスを提示し、それでも国にとってプラスが大きいのだと説明できるだけの、未来への展望と戦略なのだが、少しでもマイナスな面を言えば駄々っ子がぶち壊すと考えてのやり方であれば、国民を知らなすぎる。

知識人の怒りは、自分たちの判断能力を、政権があまりに低く見ている事への反発でもある。日本人はそんなに馬鹿ではない。すべての事象にはプラスとマイナスがあり、少しでも良くするために、我慢しなくてはならないマイナスもあることを知って居る。その両方を説明するのが、政治というものだ。

「平和」と言う言葉を念仏のように唱えていれば平和が保たれるわけではない。これまで平和憲法が国民の生命や財産を守ってくれていたのは、「平和」という言葉が存在するからではなく、その言葉を支え信じようとする、国民の願いと意思の強さがあったからだ。

ズタズタにされた憲法という大黒柱を立て直し、もう一度プラスマイナスを勘案して、そのとき本当に必要なら憲法を変えれば良いではないか。家には大黒柱が、人には魂が、国には憲法が必要なのだから。

民主主義とは、政権が国民の判断能力を信じ、正直で率直に政策を訴えることの出来る信頼関係を言うのだと思う。

たかぎ・のぶこ　一九四六年生。小説家。『水脈』『透光の樹』ほか。

「不断の努力」を！

江田五月

民主主義といった場合、制度的なことと精神的なことがあるわけですが、いま一番心配しているのは、民主主義の精神が大分、干からびてきているのではないかということです。

私の父は戦前、戦争に反対して治安維持法にひっかかって二年八カ月刑務所に入っていた。私が生まれたのはかろうじて戦前で、首がすわってハイハイのころに太平洋戦争が開戦となりました。父は戦争が激しくなる中で日本にいるとどういう目に遭うかわからないということで、中国に渡って華北省で水利工事に従事していたので、敗戦は中国で迎えました。

民主主義はどこの国でも市民が戦って勝ち取っている。敗戦の結果、アメリカによって与えられたのが日本の民主主義のスタートだとよく言われます。しかし、必ずしも与えられただけではなく、戦争に向かう時代の流れの中でも市民の異議申し立てはありました。それはやはり世界の民主主義への流れと連帯するものでした。大きな目で見れば、それが戦後花開いたということではないでしょうか。現に日本国憲法ができる過程でも日本側のイニシアチブは相当あったし、憲法がスタートしたときも市民は大歓迎して各地で祝賀会が催され、市民の側にこれからは自分たちの手で民主主義をつくって行くのだという、燃え立つような思いがありました。

憲法一二条は「この憲法が国民に保障する自由及び権利は、国民の不断の努力によって、これを保持しなければならない」と規定しています。憲法はそのことを念願していますが、その不断の努力がだんだん干からびて根腐れ状態を起こしているのではないか。そのことを端的に示している例は、投票率の低下でしょう。また、政治の担い手がだんだんいなくなり、地方選挙で無投票当選が多くなっています。その背後には、不断の努力で民主主義の精度を上げていく努力がだんだん薄れている事情があると思います。

戦後七〇年の歩みは、与えられた民主主義が血となり肉となっていく過程でもありました。しかし、民主主義の「精神」と言う意味では、燃え上がっていた精神が段々老境に入り、若々しさを失って、ろうそくの火が消えるようになってしまうのではないかと大変心配しています。

今回の安保法制に対する国民の怒りは、そのような状況の中でも国民になお残る民主主義の精神に火が点いたといえるかもしれません。若い人やお母さん方、老人たちと、火が燃え広がってきている。この動きがもう一度、市民の手による民主主義が根づく、もう一段質の高い民主主義に生まれ変わっていく、ある種のきっかけになればいいなと思いますが、なるかどうかはまだわからない。シールズに任せておけばこれで大丈夫という状況ではありません。
ただ、最近ネットが国民による意思形成のインフラになっていて、これまでどちらかというと、ネット右翼の方が幅をきかせていたけれど、ここへ来てネットが、市民の心の中の民主主義をつないでいく役割を果たしています。ぜひ、そうした新たな状況の下で民主主義を活性化させることができればと思います。

私の子ども時代は、一学年上の世代が墨塗り教科書を手にし、その翌年に小学校に入学して伏字の無い教科書を手にした世代です。戦後民主主義の教育が純粋な形でスタートした時代なのです。その状況化の時代が続いた後、勤務評定や学力テストができたり、学校内のいろいろなヒエラルキーがしっかりして来て、制度化の時代がひたひたと迫って来ました。私たちはそうした動きより、いつもちょっと前にいて、結局、大学卒業まで進んだ。言ってみれば戦後民主主義の純粋培養時代でした。先生方も手探りで、民主主義とは何だろうかと模索しながら教育をしていました。

そのような時代でも、私は結構日本文化を体や心に染みつけていました。江戸時代から伝わる日本泳法の修練を子どものころから積んで、現在は神伝流九段で範士の資格を持っています。書道も続けて、高校書道部のキャプテンでした。情熱を傾けて必死に練習することは、私が民主主義に必要と考える「燃え立つような思い」につながっていったと思います。

六〇年安保闘争があったのは、大学に入ったばかりの一八、一九歳のころでした。学生たちの多くが誰に命じられたわけでもなく、自分たちは何のために学問をするのか、将来の就職のためでなく、人類の歴史の進歩のために学問をしていく、という視点からデモに参加していました。厳しい冷戦のなか、日本が今ここで西側陣営に深くコミットしてしまうのは待ってくれ、という思いがあったのだと理解しています。

自治委員長を務めて大学管理反対闘争で退学処分となり、大学に戻った後は丸山眞男先生のゼミに入って、「戦後民主主義の虚妄に賭ける」という精神を教わりました。その後、司法試験に合格して、司法研修所を経て、裁判官に。

裁判所の派遣で英国オックスフォード大学に留学し、自然的正義(natural justice、告知・聴聞の権利)という概念を知りました。誰でも、行政権力によって不利益処分を受けるときには、理由の告知を受ける権利があり、自分の言い分を聞いてもらう権利がある。この原則が長い判例の積み重ねによって定着しているのです。それも私自身の民主主義の考え方に影響を与えたと思います。また留学中に、ウィルソン(労働党)からヒース(保守党)に政権交代も起きました。政権交代が起きることで、世の中にたまっていた垢がさっと落とされていくような社会の雰囲気を感じました。これもいい経験でした。

このまま裁判所で定年まで人生を送ると思っていたら、父が新しい政治の旗を掲げた直後に、それも私の誕生日に亡くなってしまったので、倒れた旗を拾い上げるかたちで政界に入ることに。

最初に政権交代を実現した細川内閣の時は、依然、第一党は自民党で、八党派による連立政権はすぐに挫折しました。やはり政権を担当する本格的な政党をつくらなければいけないということで民主党をつくり、現実に政権を担当したのですが、稚拙だったということでしょうね。しかし民主党政権時代に、子育て政策や地方自治、障害者の権利など、いろいろな種を蒔いてはいます。その種がいま自民党政治の中でも捨てられずに苗になってきているものもあります。捨てられたものも多いですが。政権交代と民主党について、今すぐには答えを出せないけれど、時間を置いてみれば、良い面はたくさんあったと思います。政権交代政治もまだ完成していません。もちろん、ただ政権交代すればいいという話ではなくて、やはり政治は国民のためにあるものです。市民の市民による市民のための政治もまだまだできていない。憲法一二条にいう「不断の努力」が今こそ求められている、という思いでいっぱいです。

えだ・さつき　一九四一年生。民主党最高顧問。参議院議長、法務大臣などを歴任。『出発のためのメモランダム』『国会議員』ほか。

歴史上最後の「戦後民主主義」に

三谷太一郎

日本の歴史上の民主主義は、すべて戦後民主主義であったといっても言い過ぎではない。維新以後一〇年間の日本は、革命戦争としての戊辰戦争がもたらした「戦後民主主義」を経験した。革命戦争の勝者が組織した革命政権としての維新政府は、旧体制から区別される政治的正当性を維新のスローガンの一つであった「公議輿論（こうぎよろん）」に求めたのであり、その場合の「公議輿論」は単なる名分ではなく、それなりの実質をもつものでなければならなかったのである。したがって維新政府にとって「公議輿論」にある程度の実質を与える「戦後民主主義」は、権力の安定化のための必要条件ですらあった。戊辰戦争後の「公議輿論」を先導した同時代のオピニオン・リーダー福沢諭吉が一八七五（明治八）年に出版された『文明論之概略』（巻之一、第二章）において提示した「政統（政治的正当性――三谷注）の変革は戦争に由（よ）て成るもの多し」という命題は、同時代のみならず、時代を超えて通ずる一般的妥当性をもっていたように思われる。

その後の時代について見ても、明治一〇年代の自由民権運動は、西南戦争に極まる一連の士族反乱が惹き起こした内戦の「戦後民主主義」の波頭であったし、日清戦争後の大隈・板垣連立内閣の出現(一八九八年)や立憲政友会設立(一九〇〇年)にいたる政党勢力の権力中枢への進出は、日清戦争の「戦後民主主義」がもたらした権力形態の変化であった。

さらに時代が下って登場した「戦後民主主義」はいわゆる「大正デモクラシー」であった。「大正デモクラシー」はいわば複合的な「戦後民主主義」であった。すなわちそれは一方で日露戦争がもたらした「戦後民主主義」であった。日露戦争の戦費を調達するために戦時の桂内閣が行った非常特別税法による増税が選挙法改正によることなく、選挙権者(国税一〇円以上の納税者)の倍増を結果した。それは意図されることなく生じた戦争を媒介とする政治的底辺の自然拡大であった。それが日露戦争の「戦後民主主義」としての「大正デモクラシー」の出発点であった。

他方で「大正デモクラシー」は日本が経験したもう一つの戦争である第一次世界大戦の「戦後民主主義」でもあった。つまり「大正デモクラシー」は二重の「戦後民主主義」であった。後者の意味の「大正デモクラシー」は総合雑誌や新聞を中心とする当時の先進的メディアや整備された全国的鉄道網などのコミュニケーション手段の発展に支えられたさまざまの政治運動を頻発させ、一九一八(大正七)年には歴史上はじめて選挙によって選ばれた衆議院議員を首相とする政党内閣を成立させた。また一九二四年には歴史上はじめて衆議院総選挙の結果が政権交代をもたらした実例をつくった。

「大正デモクラシー」という「戦後民主主義」においては、「民主主義」はしばしば「デモクラシー」という英語で呼ばれたが、それはイギリス英語その他を含めた英語一般というよりもアメリカ英語であり、それは第一次世界大戦以後の世界的な政治的経済的および文化的なアメリカ化を反映していた。その意味で「大正デモクラシー」は決して日本だけに限定されたローカルな現象ではなかったのである。

最後に来るのが、今日の「戦後民主主義」である。それは一九四一年一二月八日の太平洋戦争勃発の日の早朝、祖母と共に岡山から東京に向う山陽本線の寝台車の車内放送で開戦を知った当時満五歳の私の三年八カ月に及ぶ戦争体験と不可分である。太平洋戦争のような全体戦争は、男女差や年齢差を極小化し、女性や子供や老齢者をも戦争要員とした。そのような全体戦争の強制的平準化に伴う弱者の犠牲がその代価として「戦後民主主義」を必然化したのである。それが「私の戦後民主主義」に他ならない。

「私の戦後民主主義」がそれに先立つさまざまの歴史上の「戦後民主主義」と異なるのは、それが単に権力形態の民主化や民主的政治運動の勃興のような外面的な政治史的事実として現れるだけではなく、個人の行動を律する道徳原理として内面化されているという点にある。いいかえれば、「私の戦後民主主義」は「私の個人主義」と深く結びついているという点で、それに先立つ歴史上の「戦後民主主義」とは異なる独自性をもっている。

今から一〇〇年以上前の第一次世界大戦中、夏目漱石は「私の個人主義」(一九一四年一一月)と題して一場の講演を行った。その中で漱石は作家として立つ前の学者人生を回顧し、日本人が英文学を研究することの意味を求めて、「文学」の一般概念を確立しようと試みた当時の自からの立場を「自己本位」と呼び、それがその後の人生を貫く「個人主義」の原点となったと説明している。この意味の生活信条としての「個人主義」が戦後七〇年の今日を生きている日本人の間で広く共有され、それがこれまでで最長の「戦後民主主義」の持続性を保障していると私は考える。

しかし反面で「戦後民主主義」は決して「個人主義」に還元されるものではない。それは政治的共同体の組織原理であって、「個人主義」を超えるものである。そのことは、民主主義そのものが本来権力の一つの形態であることに由来している。「人民の支配」もまた権力である。「人民の支配」が具体的に何を意味するかは歴史的現実に即して永続的に問われ、批判されなければならない。丸山眞男が提起した「永久革命」としての民主主義の意味はそこにある。

以上に述べたように、日本の歴史上の民主主義は、いずれも「戦後民主主義」であった。すなわち戦争がもたらした民主主義であった。そのことは、戦争に何らかの価値を付与することを意味しない。今日の「戦後民主主義」の最大の課題は、それを歴史上最後の「戦後民主主義」とすることである。

みたに・たいちろう　一九三六年生。東京大学名誉教授。日本政治外交史。『近代日本の戦争と政治』『人は時代といかに向き合うか』ほか。

脱脂粉乳と民主主義——戦後は終わったのか

中村　哲

戦後の良識を代表する司馬遼太郎は、「今は敗戦より悪い」という言葉を遺して逝った。「戦後民主主義」と言われても、即答できる者は少ないと思う。七〇年という歳月には、その時代と地域を生きた者の様々な体験と感情が、時には矛盾を孕みながら、複雑に重層しているからだ。幸か不幸か、古い時代の名残をとどめる環境に育ち、国外で働いてきたこともあって、日本社会の変貌の主流には馴染めず、現在に至っている。

戦後の記憶をたどると、いくつかの出来事が大きく心に残っている。幼少時は石炭景気でにぎわう北九州の街の様子、福岡に移ってからは昆虫採集で歩き回った山野、長じてからはアフガニスタンとの関わりであった。

敗戦後、大人たちが酒宴で歌うのは軍歌であり、私もまた、勇ましいものに憧れた時代があった。血縁や地縁の結束は当然であり、男女の役割の厳然たる中で、疑問を持つことは少なかった。

当時小学校では、民主化教育が行われていたらしいが、何かしら異物のように感ずることが多かったと思う。記憶にあるのは、「新仮名遣い」で「てふてふ」が「ちょうちょう」になり、旧字体から新漢字を覚えなおしたこと、始まった給食のコッペパンと脱脂粉乳が不味く、吐き気がして食えなかったことくらいである。男の子はチャンバラで群れて遊び、女の子はままごとが普通だった。「封建社会」の残滓を色濃く留める中で育った。

労働運動も活発だったが、労働歌は軍歌に似ていて、芯から身近には感ぜられなかった。学校で教えられる「個人」や「自由」という言葉が、どうしても分からなかった。おそらく他の子もそうであったろう。戯れに相手の持ちものをひょいと取り上げて、「泥棒も個人の自由」とふざける遊びが流行った。その程度だったのだ。

長じてからは、「個人の尊厳」や「自由・平等」という言葉を盛んに使ったが、未消化だった。依然として、義理や人情、義侠心や忠義や孝行を美徳だと信じていた。浪花節は嫌でも、染みついたものを振りほどけなかった。この二重性は私だけでなかったと思う。

芽生えかけた民主主義は本当に根づいたのか、戦争の愚は語り伝えられたか、疑問は未だに消えない。民を重んじ、弱いものをかばう道徳は昔からあった。しかし、新しい「民主主義」は、日本人の心に響く倫理観に裏打ちされていなかった気がする。

新しい時代は、きらびやかな経済復興と共にやってきた。曲りなりにも皆が豊かになり、福祉社会の到来が謳われた。差別撤廃が声高に叫ばれ、街路が小奇麗になった。差別語が摘発され、横文字が増え、「欧米並み」という言葉が盛んに聞こえるようになった。「封建的」という烙印が力を持ち、まるで古いことが悪であるかのように葬り去られた。一方、その陰で戦争の記憶が薄れていった。中国人の虐殺や原爆投下に憤り、ひめゆりの塔に涙しても、情緒の世界でこざっぱりと文学的に処理され、日常に根ざす接点をもてなかったのは日本人にとって悲劇だったと思う。

私が「戦争」を身近に覚えたのは、赴任先のアフガニスタンである。不幸にも、ここでは「民主化」が暴力と共にやってきた。旧ソ連の侵攻(一九七九年)も、欧米軍の侵略(二〇〇一年)も、民主・平等が大義であり、「遅れた旧弊」を一掃しようとする点で、大差はなかった。戦乱で数え切れぬ人々が命を奪われ、難民化した。ここでは民主主義もまた、戦争の方便になり得ることを知った。

こうして、私の「戦後民主主義」は、消化不良で屈折したものを引きずっている。しかし、つかの間の平和で垣間見た「民主主義」が、光彩を失うことはないと思う。実際、戦後どの政党も「民主」という名称を掲げたし、多くの人々は戦中の暗い殺戮や抑圧と対極のものを見出そうとしたことは疑いがない。平和主義は、その不可分の発露であり、平和国家として再生する意気込みが、戦後の道義として、明るい支えになった。

今、世界中が戦争とテロに脅える中、民主主義が二番煎じの欧米化や近代化であってはならない。それはまだ根づき始めたばかりだったのだ。言葉ではない。その果実によって真偽を見るべきである。左派・右派、保守・革新の区分は既に無意味である。変革に最も熱心なのは、国際資本の動向に忠実な利に敏い人々で、決して保守的な者ではない。国や国民さえも売りかねない。日本社会は一斉に動く。動きに乗れぬ者に不安を与え、白眼視する。だが世界的に投資のフロンティアが消え、自然から無限大に搾取できることを前提にする社会がいつまでも続くとは信じがたい。日本が模倣してきた西欧近代が音たてて崩れるとき、私たちはどこへ向かうのか。良心や誇りを捨ててまでする経済成長の行き先はどこか、自滅に驀進するレミングの群れでないことを祈る。

民主主義が平和に生きることの尊さを教え、相違を超えて誰もが人間らしく扱われることを求めるとすれば、未消化の「戦後」は終わってはいない。

なかむら・てつ　一九四六年生。ＰＭＳ(平和医療団・日本)総院長、ペシャワール会現地代表。『医者井戸を掘る——アフガン旱魃との闘い』『人は愛するに足り、真心は信ずるに足る——アフガンとの約束』(聞き手＝澤地久枝)ほか。

「民主主義」に執着する

糸数慶子

敗戦から約七年後の一九五二年四月二八日、サンフランシスコ講和条約が発効し、日本国憲法の下、主権を回復したとされる。一方で、沖縄は日本から切り離され、米軍統治で二七年間、人権を蹂躙（じゅうりん）される日々が続いた。沖縄県民が「屈辱の日」と呼ぶ四月二八日を、安倍首相は「主権回復の日」として祝った。その歴史認識に、日本による沖縄切り捨てが再現されたように感じたのは、決して私だけではないだろう。

米軍統治下における沖縄で、米軍人、軍属は、やりたい放題であった。数えきれないほどの凶悪事件、暴行事件が発生しても治外法権で、犯人は罪を問われることなく、本国送還や無罪放免になった。事故も絶え間なく発生した。私の身近でも一九六五年六月、「棚原隆子ちゃん事件」が起こった。私の生まれ育った沖縄県読谷（よみたん）村には読谷補助飛行場があり、そこではパラシュート降下訓練が頻繁に行われていた。パラシュートで、人だけではなく、トレーラーや物資なども落下してくるのだが、私が高校三年生のとき、トレーラーの下敷きになって、近所の一一歳の棚原隆子ちゃんが圧死した。その悲惨な記憶が、私の政治信条を形づくる土台の一部にもなっている。

米軍関連の事件や事故が起こるたび、被害者は泣き寝入りするのが常だった。そこには、基本的人権の尊重も、自由も平等もなく、「民主主義」は存在しなかった。すべては米軍の意向のもとで行われた。その理不尽さへの怒りが、県民を日本国憲法の下、民主主義を享受したい、という思いへ駆り立て、復帰運動がはじまったのだ。しかし、実際には、県民の期待したような復帰はやってこなかった。復帰後には米軍基地が本土並みに縮小され、日本国憲法の下で民主主義の社会で幸せになれると夢見たが、日本本土から沖縄に移転してきた海兵隊基地は、復帰後も相変わらず存在し続けた。そして今また、日本政府は、名護市辺野古（へのこ）に新たな米軍基地をつくる、と言う。

日本国民は、総じて日米同盟は必要であり、米軍基地が日本国内に必要だと言う。それならば、日米安保の負担は国民全体で応分に負担しなければならない。国土の〇・六パーセントしかない小さな島に、日本にある米軍専用施設の七四パーセントを詰め込んでいる、「暴力」と言えるほどの不平等を、日本国民は改めて見つめるべきだ。これで日本は「民主主義の国」だと言えるのか、と。

一体、日本の民主主義とは何なのか。憲法で保障されているはずの「基本的人権の尊重」「国民主権」「平和主義」は建前であって、実質は機能していないのではないか。安倍内閣は、憲法学者らが「違憲」と断言した集団的自衛権の行使容認を閣議決定し、国民の反対の声を聞かずに、安保関連法案を強行採決した。この一連の流れの中で、日本の立憲民主主義が、結局は虚構でしかなかったことが、全国民の前で白日の下にさらされたように思う。

何より日本では、政権や政府が憲法を守らなくても、それを追及する実効性のある機関がない。裁判所がその役割を果たす、というが、砂川事件や各地の爆音訴訟などを見てもわかるように、日本の裁判所は、政治的な問題については、判決を下すことを避ける傾向がある。

また、国民がいくら声をあげても、政権や政府は民意を完全に無視して憚らない。国会前デモを、ヘイトスピーチと並列に扱い、規制しようと考える人々が政権与党内で幅をきかせている。日本のメディアにしても、いくつかの良心的なメディアをのぞいて、政権寄りの立場で情報を流す傾向があり、反安倍政権の運動の盛り上がりに合わせて、少しずつ変化したようにも見受けられたが、体質は戦前と変わらない。これらを日常的に見ていれば、日本の民主主義に疑問を持つのが自然だ。

しかし、日本における民主主義の不在を、沖縄県民が悟ったのは最近の話ではない。歴代の政権は、県民の求めることとは真逆のことを行ってきた。何度も選挙で明確になった民意は、取るに足らないものであるが如くに無視されてきた。また沖縄内部においても、仲井眞弘多前知事や島尻安伊子氏に象徴されるように、与党政治家が、辺野古新基地建設反対の公約で当選したのちに、公約を破棄した。かろうじて、沖縄を代表する新聞二紙は県民に寄り添う報道を行っていて、沖縄の誇るところである。

安倍政権が民意無視の動きをするであろうことは、十分予測できたことだ。実は、国民の方にもっと「民主主義」に対する執着心があれば、安倍政権がこれほど力を持つことはなかったのではないか、とも思う。沖縄県民は、沖縄戦、米軍占領下で大変な人権侵害を受けてきた。そのなかで、県民の心に民主主義に対する渇望が生まれ、島ぐるみの運動が展開された。公約を覆す政治家は、選挙で淘汰された。沖縄県民の「民主主義」や憲法に対する思いの強さは、虐げられた苦しみの大きさに比例する。

翻って、日本全体ではどうだったか。部分的には違うかもしれないが、国民全体としては「民主主義」の必要性を訴えなければならないほどの人権侵害が、これまでなかったために、「民主主義」の大切さを特に意識してこなかったのではないだろうか。

違憲の法律が世論を無視して国会で成立し、今後日本は海外での武力行使を強いられ、自国、他国民問わず、死者が出てしまう可能性がある。今、日本国民は、自国の在り方について、ようやく考えはじめたばかりではないだろうか。安倍首相は「新・三本の矢」を打ち上げ、内閣支持率の再浮上を狙っているようだが、経済最優先で民主主義は後回しにされるのでは筋違いだ。日本の経済成長は、戦後七〇年の平和があったからこそ実現したものだということを忘れてはならない。また、結局のところ、現代の国際社会のなかにあって、民主主義を実現できない国が、安定した地位を築けるとは、到底考えられない。真の国民主権、平和主義、基本的人権の尊重を実現できなければ、日本の未来は危うい。今、日本は岐路にある。

いとかず・けいこ　一九四七年生。沖縄社会大衆党委員長、参議院議員。『いのちの声——女性・環境・平和の視点から』『沖縄-平和への道——基地なしに生きる選択』ほか。

糸数慶子

何が終わろうとしているのか

姜尚中

苦渋と後悔に満ちた人生を否定したいと思いつつ、どこかで自分の生きた軌跡をまるごと抱きしめ、ねんごろに労(いたわ)りたい。こんな愛憎併存する感情こそ、戦後民主主義なるものに対する私の率直な感慨である。

戦後民主主義がいったい何を指すのか、その見方はまちまちかもしれない。ただ、それが、戦争とその敗北によってもたらされた民主主義であることは間違いない。もっとも、日清、日露、第一次世界大戦と、近代日本のデモクラシーは、戦後民主主義の連続だったと言えないことはない。戦争が民主主義を進化させ、それが戦争を準備し、戦争の後、また民主主義が進化する。この連続が、近代日本が歩んだ歴史だった。

ただ、第四の戦後民主主義はそれ以前とは根本的に異なっていた。それは、勝利あるいは辛勝によってではなく、惨憺たる敗北によってもたらされたからである。厭戦と戦争への忌避感情、そして戦争を押し進める国家への否定的な感情こそ、第四の戦後民主主義を駆動する力だった。それは、戦後憲法の平和主義を支える国民的な共鳴板になり、戦後民主主義は近代日本においてはじめて「脱軍事化」への道を突き進むことになったのだ。

しかし、裏を返せば、「脱軍事化」は、「城内平和」、しかも、琉球・沖縄などを除いた、本土中心の「城内平和」を意味していた。そしてやがて五五年体制という国内の政治システムが、未曽有の「豊かさ」を実現すると、戦後民主主義は敗戦時には予想もしなかった、平和と繁栄を享受するようになったのである。平和と繁栄そして民主主義。この三位一体こそ、戦後の日本国民の自負と矜持の拠り所だった。

だが、他方で、それは「脱軍事化」を成し遂げているように見えながらも、ある意味で、軍事にまつわるきな臭い「3K」の負担を、安保とセットになった沖縄に、そして旧植民地の韓国などにアウトソーシングすることと表裏一体だった。

もし朝鮮戦争で、釜山に北朝鮮の国旗が翻り、三八度線の南側がピョンヤンの支配下に収まっていたとしたら、産声をあげたばかりの戦後民主主義はどうなっていただろうか。おそらく、一挙に軍事化が進み、出来たてホヤホヤの平和憲法は存続できなかったはずだ。

そう考えれば、戦後の「城内平和」は、日米安保の抑止力によって保たれたのか、それとも、平和憲法とそれを支持する国民的な支持によるものなのかという二者択一的な問題設定そのものが疑わしくなってこざるをえない。そこに抜け落ちているのは、沖縄から朝鮮半島へと連なる、日本の周辺や外縁部という「後背地」の存在だ。戦後の「城内平和」は、米軍基地や反共の前線国家という「後背地」の存在と表裏一体の関係をなしていたのである。

しかし、分断国家・韓国は民主化され、中国との関係を深めつつあり、また沖縄は基地なき島として自立化の道を歩み始めようとしている。

戦後七〇年、日本は半占領状態の基地や強権的な情報政治、社会の「軍事化」をアウトソーシングできる「後背地」を失い、自らきな臭い軍事的な「３Ｋ」に手を染めようとしているのである。安倍政権の掲げる「戦後レジームからの脱却」とは、そうした事態をさしているのである。それが、戦後民主主義の事実上の終わりを指すことになるのか、それとも戦後民主主義が新たな生命を宿して復活するのか、いま、重大な岐路に立たされていると言える。

いずれにせよ、「後背地」の存在を前提とする「城内平和」としての戦後民主主義はもはや成り立ち得なくなっていることだけは間違いない。安保も、平和憲法も、沖縄＝基地も、といった「あれもこれも」の民主主義の時代は確実に終わろうとしているのである。その意味で「あれかこれか」が問われているのであり、ひとりひとりの覚悟が問われているのである。

かん・さんじゅん　一九五〇年生。東京大学名誉教授。政治学・政治思想史。『オリエンタリズムの彼方へ――近代文化批判』『姜尚中と読む夏目漱石』ほか。

私の「戦後民主主義」

2016年1月27日　第1刷発行
2016年2月25日　第2刷発行

編　者　岩波書店編集部

発行者　岡本　厚

発行所　株式会社　岩波書店
〒101-8002　東京都千代田区一ツ橋2-5-5
電話案内　03-5210-4000
http://www.iwanami.co.jp/

印刷・三陽社　カバー・半七印刷　製本・松岳社

ISBN 978-4-00-061106-0　Printed in Japan